825

Über das Buch:
Eine Luxuskreuzfahrt in der Karibik – David Foster Wallace hat das Experiment gewagt und sich an Bord der Zenith begeben. Eine Woche lang hat er alles mitgemacht, was das Bordleben für den erholungsbedürftigen Urlauber bereithält – von der Single-party, zu der nur Paare kommen, bis hin zum Tontaubenschie-ßen.

»Ich habe erwachsene US-Bürger gehört, erfolgreiche Geschäfts-leute, die am Info-Counter wissen wollten, ob man beim Schnorcheln nass wird, ob das Tontaubenschießen im Freien stattfindet, ob die Crew an Bord schläft oder um welche Zeit das Midnight-Buffet eröffnet wird.«

»Vielen Dank für das Buch, ich hätte es mir eh gekauft. David Foster Wallace ist nämlich ein Megageheimtipp der amerikani-schen Literaturszene.« *Harald Schmidt*

»Bestes Animationsprogramm.« *Brigitte*

»Ein Meisterstück der literarischen Reportage, bis ins kleinste nautische und gruppenpsychologische Detail recherchiert.« *FAZ*

David Foster Wallace, geboren 1962, lebt in Bloomington, In-diana. Zahlreiche Veröffentlichungen, u. a. »Infinite Jest« (Über-setzung in Vorbereitung), »The Broom of the System« (Überset-zung in Vorbereitung).

Weitere Titel bei K&W: »Kleines Mädchen mit komischen Haa-ren«, Storys, 2001, »Kurze Interviews mit fiesen Männern«, Storys, 2002.

Marcus Ingendaay, geboren 1958, übersetzt aus dem Eng-lischen u. a. William Gaddis, William Gass und Martin Amis. Er erhielt 1997 den Übersetzerpreis der Heinrich-Maria-Ledig-Rowohlt-Stiftung und 2000 den Helmut M. Braem-Übersetzer-preis. 2003 erschien sein erster Roman »Die Taxifahrerin«.

David Foster Wallace

Schrecklich amüsant – aber in Zukunft ohne mich

Aus dem Amerikanischen von Marcus Ingendaay

Kiepenheuer & Witsch

1. Auflage 2004

Vollständige Taschenbuchausgabe
Verlag Kiepenheuer & Witsch, Köln 2004
© der deutschen Ausgabe 2002 by **mare**buchverlag, Hamburg
© der Originalausgabe *A Supposedly Fun Thing I'll Never*
Do Again 1996/97 by David Foster Wallace
Aus dem Amerikanischen von Marcus Ingendaay
Alle Rechte vorbehalten. Kein Teil des Werkes darf in irgendeiner Form
(durch Fotografie, Mikrofilm oder ein anderes Verfahren)
ohne schriftliche Genehmigung des Verlages reproduziert
oder unter Verwendung elektronischer Systeme verarbeitet,
vervielfältigt oder verbreitet werden.
Umschlaggestaltung: Barbara Thoben, Köln
Umschlagfoto: getty images
Gesamtherstellung: Clausen & Bosse, Leck
ISBN 3-462-03388-3

1

Heute ist Samstag, der 18. März, und ich sitze im überfüllten Coffee-Shop auf dem Flughafen von Fort Lauderdale und versuche, die vier Stunden Wartezeit zwischen dem Auschecken auf dem Kreuzfahrtschiff und meinem Rückflug nach Chicago totzuschlagen, indem ich all das, was ich im Rahmen der soeben abgeschlossenen Reportage gesehen, gehört und getan habe, noch einmal und in hypnotischer Versenkung Revue passieren lasse.

Ich habe sacharinweiße Strände gesehen, Wasser von hellstem Azur. Ich habe einen knallroten Jogginganzug gesehen, mit extrabreiten Revers. Ich habe erfahren, wie Sonnenmilch riecht, wenn sie auf 21.000 Pfund heißes Menschenfleisch verteilt wird. Ich bin in drei Ländern mit «Mään» angeredet worden. Ich habe 500 amerikanischen Leistungsträgern beim Ententanz zugeschaut. Ich habe Sonnenuntergänge erlebt, die aussahen wie nach einer digitalen Bildbearbeitung, und einen tropischen Mond, der am Himmel hing wie eine fette Zitrone – statt des spröden Gesteinsbrockens unter dem gewohnten US-Sternenzelt.

Ich habe mich sogar (wenn auch nur kurz) in eine Conga-Polonaise eingereiht.

Ich muss allerdings zugeben, dass ich wohl lediglich durch eine Art Peter-Prinzip an den Job gekommen bin. Weil nämlich eine gewisse Edelgazette von der Ostküste der Meinung war, mein erster Auftrag, ein formal nicht näher festgelegtes «Feature» über die gute alte State Fair, sei

David Foster Wallace 7

ganz gut gelaufen, haben sie mir diesmal diese superlaue Kreuzfahrt-Geschichte anvertraut, wiederum ohne jeden Hinweis darauf, was genau von mir erwartet wird. Dennoch hat sich für mich persönlich der Druck erhöht; denn betrugen die Spesen für die State-Fair-Story (die Glücksspiel-Verluste nicht eingerechnet) noch schlappe 27,00 Dollar, so müssen sie hier gleich 3.000 Dollar hinlegen, bevor auch nur eine einzige – womöglich auch noch «packende» – Zeile auf dem Papier steht. Und wann immer ich mich von Bord aus, über Satellitentelefon, bei ihnen melde, versichern sie mir mit der größten Gelassenheit, ich solle mir nicht so viele Gedanken machen. Mehr kriegt man von diesen Zeitungsleuten nicht zu hören, schon gar kein ehrliches Wort. Alles, was sie wollen, behaupten sie, sei eine persönliche Doku-Postkarte im Breitwandformat. Mit anderen Worten: Junge, lass dich feudal durch die Karibik schippern und schreib einfach auf, was du gesehen hast.

Ich habe jede Menge weißer Ozeanriesen gesehen. Ich habe Schwärme winziger Fische mit fluoreszierenden Flossen gesehen. Ich habe einen dreizehnjährigen Jungen gesehen, der ein Toupet trug. (Die Fluorenz-Fische hielten sich an jeder Anlegestelle bevorzugt zwischen unserer Schiffswand und dem Beton der Kaimauer auf.) Ich habe die Nordküste von Jamaika gesehen. Ich habe die 145 Katzen im Haus von Ernest Hemingway in Key West, Florida, gesehen (gerochen übrigens auch). Ich kenne inzwischen den Unterschied zwischen einfachem Bingo und *Prize-O* und weiß, was ein Bingo Multi-Bonus ist. Ich habe Camcorder gesehen, für die man eigentlich einen Kamerawagen gebraucht hätte; ich habe Gepäckstücke, Sonnenbrillen und Kneifer in schreienden Neonfarben gesehen, und ich habe festgestellt, dass es über zwanzig verschiedene Marken von Badelatschen gibt. Ich habe Steeldrums gehört und Meeresschneckenbeignets gegessen und war Zeuge, wie eine Frau in Silberlamee einen gläsernen Aufzug von innen flächendeckend vollgekotzt hat. Ich habe im Zweiviertel-Takt von Siebzigerjahre-Disco-Musik den Arm gen Saaldecke gereckt, was ich seinerzeit (1977) ums Verrecken nicht getan hätte.

Ich habe erfahren, dass jenseits von Ultra-ultra-Ultramarinblau noch eine Steigerung möglich ist. Ich habe während dieser einen Woche mehr und vor allem besser gegessen als jemals zuvor in meinem Leben, und während ich dies tat, habe ich am eigenen Leib den Unterschied zwischen «Rollen» und «Stampfen» eines Schiffs bei schwerer See erlebt. Ich habe mit eigenen Ohren gehört, wie ein Alleinunterhalter vor Publikum allen Ernstes sagte: «Okay, jetzt aber Scherz beiseite ...» Ich habe blasslila Hosenanzüge gesehen, Sakkos von menstrualem Rosa, braun-violette Trainingsanzüge und weiße Freizeitschuhe, die ohne Socken getragen wurden. An den Blackjack-Tischen habe ich professionelle Kartengeberinnen erlebt, die so wunderschön waren, dass man dort gern den letzten Dollar verzockt hätte. Ich habe erwachsene US-Bürger aus dem gehobenen Mittelstand gehört, erfolgreiche Ge-

David Foster Wallace **9**

schäftsleute, die am Info-Counter wissen wollten, ob man beim Schnorcheln nass wird, ob Skeetschießen im Freien stattfindet, ob die Crew ebenfalls an Bord schläft oder um welche Uhrzeit das Midnight-Buffet eröffnet wird. Ich kenne die feinen cocktailogischen Unterschiede zwischen einem Slippery Nipple und einem Fuzzy Navel. Ich weiß, was ein Coco Loco ist. In einer einzigen Woche war ich 1500 Mal Zielobjekt des berühmten amerikanischen Service-Lächelns. Ich hatte zweimal Sonnenbrand, und zweimal hat sich die Haut geschält. Ich habe auf See Tontauben geschossen. Reicht das? Damals schien es nämlich nicht zu reichen. Ich habe den subtropischen Himmel wie ein schweres Tuch über mir gespürt. Ein Dutzend Mal bin ich zusammengezuckt bei jenem alles durchbebenden Darmwind der Götter, der da heißt Nebelhorn. Ich habe die Grundlagen von Mah-Jong in mich aufgenommen, ein zweitägiges Bridge-Turnier verfolgt (in Teilen), gelernt, wie man eine Rettungsweste über einem Smoking anlegt, und beim Schach gegen ein neunjähriges Mädchen verloren.

(Vielleicht sollte man korrekterweise sagen: Ich habe auf See *nach* Tontauben geschossen.)

Ich habe mit unterernährten Kindern um den Preis für Halskettchen gefeilscht. Ich kenne jede denkbare Erklärung und Rechtfertigung eines Menschen, der 3.000 Dollar für eine Karibik-Kreuzfahrt ausgibt. Und ich musste mich schon sehr zusammenreißen, als mir ein echter Jamaikaner original jamaikanisches Gras anbot.

Einmal habe ich vom Oberdeck aus gesehen, wie das niagarahafte Schraubenwasser der Steuerbordschraube die auffällige Rückenflosse eines Hammerhais (nehme ich mal an) umspülte.

Ich habe Reggae als Aufzugsmusik gehört – ein Eindruck, für den mir die Worte fehlen. Ich weiß, was es heißt, wenn man vor der eigenen Toilette Angst hat. Ich habe diesen typischen Seemannsgang bekommen und wäre ihn mittlerweile gern wieder los. Ich habe Kaviar gegessen und war mit dem kleinen Jungen neben mir am Tisch einig: Das Zeug schmeckt *voll abgeranzt*.

Ich weiß jetzt, was sich hinter dem Begriff «Duty Free» verbirgt.

Ich kenne nun die Höchstgeschwindigkeit eines Kreuzfahrtschiffs in Knoten.[1] Ich habe viele leckere Sachen gegessen: *escargots*, Ente, *Baked-Alaska*, Lachs an Fenchel, einen Pelikan aus Marzipan und ein Omelette mit forensischen Spuren von echten oberitalienischen Trüffeln. Ich habe Leute im Liegestuhl allen Ernstes behaupten hören, es sei ja weniger die Hitze als die enorme Luftfeuchtigkeit. Ich wurde, ganz wie versprochen, von morgens bis abends und nach allen Regeln der schwimmenden Hotellerie verwöhnt. Und in dunklen Stunden habe ich Buch geführt über alle Arten von persistierenden Erythemen, Keratinosen, prämelanomischen Läsionen, Leberflecken, Ekzemen,

---

1 (was genau ein Knoten ist, weiß ich allerdings immer noch nicht)

Warzen, Zysten, Bierbäuchen, Cellulite-Fällen, Krampf-
adern und Besenreisern, Collagenunterspritzungen und
Silikonimplantaten, misslungenen Kolorationen und
Haartransplantationen, die mir unter die Augen kamen.
Kurz, ich habe sehr viele fast nackte Leute gesehen, die ich
lieber nicht fast nackt gesehen hätte. Ich war streckenweise
so übel drauf wie seit der Pubertät nicht mehr und habe
beinahe drei Mead-Kladden vollgeschrieben bei dem Versuch, herauszufinden, am wem es denn nun lag, an ihnen
oder bloß an mir. Ich habe Freund- und Feindschaften fürs
Leben geschlossen. Dem Hotel-Manager des Schiffes etwa, ein Mr. Dermatis, gehört mein ewiger Zorn, deshalb
nenne ich ihn von jetzt an nur noch Mr. Dermatitis.[2] Mein
Kellner hingegen hat sich bei mir die höchste Achtung er-
worben. Und dem Kabinen-Steward in meinem Abschnitt
von Deck 10/Backbord, einer gewissen Petra, war ich am
Ende regelrecht verfallen. Petra mit den Grübchen und
dem breiten, offenen Gesicht, Petra, angetan wie eine
Krankenschwester in raschelndem Weiß, stets eingehüllt

---

2 Irgendwie hatte er wohl den Eindruck gewonnen, ich sei in-
vestigativer Journalist und wollte mich weder Küche noch Brücke
noch die Mannschaftsdecks noch sonst etwas sehen lassen.
Offizielle Interviews mit Mannschaft oder Servicepersonal waren
gleichfalls nicht gestattet. Selbst in Innenräumen trug er Sonnenbrille und seine Epauletten sowieso, und er telefonierte mir in seinem Büro endlos und auf Griechisch etwas vor, nachdem ich extra
auf das Karaoke-Halbfinale in der *Rendez-Vous*-Lounge verzichtet
hatte, nur um ihn zu sprechen. Ich wünsche ihm alles Schlechte.

in eine Wolke jenes norwegischen Zedernduft-Desinfek-
tionsmittels, mit dem sie die Badezimmer wischte, Petra,
die mindestens zehnmal am Tag jeden Quadratzentimeter
meiner Kabine putzte, dabei aber nie beim eigentlichen
Putzen anzutreffen war – ein zauberhaftes Wesen, das
zweifellos eine eigene Doku-Postkarte wert wäre.

2

Also noch einmal und diesmal etwas genauer: Vom 11. bis 18. März 1995 unternahm ich freiwillig und gegen Bezahlung eine siebentägige Karibik-Kreuzfahrt (der Katalog spricht hier von einer *7-Night Caribbean* oder «*7NC*» *Cruise*) an Bord der *Zenith*[3], einem 47.255-Tonnen-Schiff der Celebrity Cruises Inc., einer von den über zwanzig Kreuzfahrtlinien, die von Südflorida aus operieren.[4] Das

3 Schon beim ersten Blick in den Celebrity-Cruises-Katalog wird es sich kein Scherzbold verkneifen könne, den dummen Namen *Zenith* in *Nadir* umzutaufen. Man verzeihe mir das. Gegen das Schiff an sich habe ich überhaupt nichts.

4 Daneben gibt es auch Reedereien wie Windstar, Silversea, Tall Ship Adventures oder Windjammer Barefoot Cruises, aber deren Schiffe sind kleiner, und die angebotenen Reisen exklusiv bis zur Unerschwinglichkeit. Die Großen Zwanzig der Branche jedoch betreiben so genannte Megaschiffe, schwimmende Hochzeitskuchen mit einer Bettenzahl weit im vierstelligen Bereich und Schiffsschrauben von der Größe einer Bankfiliale. Die Megalines mit Heimathafen in Südflorida heißen Commodore, Costa, Majesty, Regal, Dolphin, Princess, Royal Caribbean oder eben Celebrity Cruises. Außerdem Renaissance, Royal Cruise Line, Holland, Holland America, Cunard, Cunard Crown, Cunard Royal Viking. Dann gibt es die Norwegian Cruise Line, die Crystal und die Regency Cruises. Der WalMart in der Kreuzfahrtindustrie ist Carnival, branchenintern auch «Carnivore» genannt. Ich weiß nicht, zu welcher Linie die *Pacific Princess* aus der Fernsehserie *The Love Boat* gehörte (ich meine mich sogar zu erinnern, dass es

Schiff mit seiner gesamten Einrichtung zählte, gemessen an den in dieser Branche üblichen und mir jetzt bekannten Standards, zur absoluten Spitzenklasse. Die Küche war exzellent, der Service hervorragend, und sowohl bei den Landgängen als auch dem Animationsprogramm an Bord hatte man nichts dem Zufall überlassen. Das Schiff war so sauber und weiß wie nach einer Kochwäsche. Das Blaue der westlichen Karibik variierte zwischen babyfarben und einem fluoreszierenden Ultramarin, desgleichen der Him-

sich um ein Fährschiff auf der Strecke Kalifornien – Hawaii handelte, obwohl man sie auch sonst überall gesehen hat), aber inzwischen hat Princess Cruises den Namen gekauft und benutzt den armen alten Gavin MacLeod, ehedem Kapitän-Darsteller auf dem Serien-Pott, für seine TV-Werbung.

Grundsätzlich ist ein 7NC-Megaship – ähnlich wie ein Zerstörer – ein hochspezialisierter Schiffstyp, ein eigenes Genre sozusagen. Alle Megalines haben mehrere Schiffe. Technisch und wirtschaftlich stammen sie von den patrizischen Transatlantik-Linern ab, etwa der *Titanic* oder der *Normandie*, die ihre Passagiere nicht nur beförderten, sondern ihnen auch eine opulente Ausstattung boten. Die gegenwärtigen Zielgruppen und Marktsegmente im Kreuzfahrtgeschäft – ob Singles, Senioren oder spezielle «Themen»-Angebote wie eine Love-Boat-Revival-Rundfahrt, ob Firmen-, Party-, Familienpakete, ob für die Holzklasse, Komfortklasse, Luxus- oder Luxus-de-luxe- oder Luxus-absurd-Klasse – stehen im Wesentlichen fest, sind weitgehend aufgeteilt und doch immer wieder hart umkämpft. (Der Konkurrenzkampf zwischen Carnival und Princess etwa, so war inoffiziell zu erfahren, hat inzwischen zu Auswüchsen geführt, die einem die Haare zu Berge stehen lassen.) Megaschiffe werden für gewöhnlich in

mel. Die Lufttemperatur bewegte sich im gebärmütterlichen Bereich. Die Sonne selbst schien auf maximale Annehmlichkeit voreingestellt. Auf zwei Passagiere kamen 1,2 Crewmitglieder. Wie gesagt, eine Luxus-Kreuzfahrt.

Abgesehen von einigen unbedeutenden Varianten für das Nischenpublikum ist der Typus der 7NC-Luxus-Kreuzfahrt *das* Grund- und Erfolgsmodell schlechthin. Alle Megalines bieten mehr oder weniger dasselbe Produkt an. Dieses Produkt ist weder eine Dienstleistung im herkömmlichen Sinn noch verspricht es von vornherein Spaß pur. (Allerdings zeigt sich rasch, dass die Hauptaufgabe des Cruise Director und seiner Leute darin besteht, genau diese Spaß-Philosophie im Gast dauerhaft zu verankern.) Im Grunde geht es also eher um ein Gefühl, das in einem selbst hergestellt wird und das insofern – als Gefühl eben – nicht mit einer Produktgarantie versehen werden kann. Das gewünschte Gefühl beruht auf einer Mischung aus

Amerika entworfen, in Deutschland gebaut, unter Billigflaggen wie Liberia bzw. Monrovia registriert, meistens von skandinavischen oder griechischen Gesellschaften betrieben und von einem skandinavischen oder griechischen Kapitän befehligt. Dieses Detail ist nicht ganz uninteressant, denn Skandinavier und Griechen haben die Seefahrt seit jeher beherrscht. Celebrity Cruises gehört zur Chandris Group, deshalb ist das große X auf den Schornsteinen ihrer drei Schiffe auch kein X, sondern ein griechisches Chi, Chi für Chandris, eine Reederfamilie so alt und mächtig, dass sie offenbar sogar einen Onassis für einen dahergelaufenen Strolch hielten.

Entspannung und Stimulation, stressfreiem Relaxen in Kombination mit einem touristischen Rahmenprogramm, das es in sich hat, kompromisslosem Service und Bevormundung, die unter dem Begriff «verwöhnen» läuft. Die Kataloge praktisch aller Megalines sind geradezu durchsetzt von dem Wort *verwöhnen*. Beispiele: «Lassen Sie sich an Bord verwöhnen wie noch nie zuvor in Ihrem Leben ...», «... und verwöhnen Sie sich in unserem Wellness-Bereich mit den verschiedensten Saunen und Whirlpools ...», «Wir haben uns zum Ziel gesetzt, Sie rundum zu verwöhnen», «Gönnen Sie sich etwas. Warum lassen Sie sich nicht einmal von der milden Brise auf den Bahamas verwöhnen?»

Die Tatsache, dass auch für andere Konsumgüter mit jener Verwöhn-Qualität geworben wird, kommt sicher nicht von ungefähr und ist den PR-Agenturen der Megalines auch nicht verborgen geblieben. Sie haben jedoch gute Gründe, voll auf dieses Zauberwort zu setzen, getreu dem Leitsatz «Penetranz geht vor Varianz».

3

Einige Wochen vor meiner Kreuzfahrt berichteten die Nachrichten in Chicago vom Selbstmord eines sechzehnjährigen Jugendlichen. Der Junge war vom Oberdeck eines Luxuskreuzers (entweder der Carnival- oder der Crystal-Linie) in den Tod gesprungen, der Medienversion nach aus Liebeskummer, als Reaktion auf eine unglückliche Liebelei an Bord. Ich persönlich aber glaube, dass noch etwas anderes im Spiel war, etwas, über das man in einer Nachrichtenstory nicht schreiben kann.

Denn alle diese Kreuzfahrten umgibt etwas unerträglich Trauriges. Und wie bei den meisten unerträglich traurigen Sachen ist die Ursache komplex und schwer zu fassen, auch wenn man die Wirkung sofort spürt: An Bord der *Nadir* überkam mich – vor allem nachts, wenn der beruhigende Spaß- und Lärmpegel seinen Tiefpunkt erreichte – regelrecht Verzweiflung. Zugegeben, das Wort Verzweiflung klingt mittlerweile ziemlich abgegriffen, doch es ist ein ernstes Wort, und ich verwende es im Ernst. Für mich bedeutet Verzweiflung zum einen Todessehnsucht, aber verbunden mit dem vernichtenden Gefühl der eigenen Bedeutungslosigkeit, hinter der sich wiederum die Angst vor dem Sterben verbirgt. Elend ist vielleicht der bessere Ausdruck. Man möchte sterben, um der Wahrheit nicht ins Auge blicken zu müssen, der Wahrheit nämlich, dass man nichts weiter ist als klein, schwach und egoistisch – und dass man mit absoluter Sicherheit irgendwann sterben wird. In solchen Stunden möchte man am liebsten über Bord springen.

Ich wage einmal die Voraussage, dass der Redakteur die letzten Sätze streichen wird. Aber egal, so viel zur Person muss erlaubt sein. Denn für einen wie mich, der bis zu dieser Kreuzfahrt noch nie auf See gewesen ist, war der Ozean immer gleichbedeutend mit Grauen und Tod. Als Kind lernte ich die Einzelheiten sämtlicher bekannt gewordener Haiangriffe auswendig. Aber nicht einfach nur Angriffe, sondern vornehmlich solche mit tödlichem Ausgang. Beispielsweise den Fall Albert Kogler vor Baker's Beach, Kalifornien 1959 (Weißer Hai). Oder das Schlachtfest nach dem Untergang der *USS Indianapolis*, 1945 als Folge eines Torpedoangriffs in philippinischen Gewässern (beteiligt: eine Vielzahl von Arten, laut offizieller Darstellung hauptsächlich Tiger- und Blauhaie).[5] Oder der Hai mit der höchsten Opferrate, 1916 vor Matawan/Spring Lake, New

---

5 Ich zitiere aus dem Gedächtnis, ein Buch brauche ich nicht. Ich kann immer noch die gesamte Verlustliste der *Indianapolis* herunterbeten, zum Teil mit Personenkennziffer und Heimatort. (Hunderte von Toten, 80 davon eindeutig durch Haiattacken, Zeitraum: 7.–10. August 1945. Ironiker, aufgepasst: Die *Indianapolis* hatte auf der Insel Tinian soeben eine Bombe namens Little Boy gelöscht, zur Weiterbeförderung – per Luftfracht – nach Hiroshima. Robert Shaw als Quint erzählt die Geschichte 1975 in *Der Weiße Hai*, ein Film, der, wie man sich unschwer vorstellen kann, für einen Dreizehnjährigen reine Fetisch-Pornographie war.)

Jersey (abermals ein Weißer Hai; aber sie fingen auch einen Menschenhai, in dessen Gastrointestinaltrakt menschliche Körperteile gefunden wurden (ich weiß sogar, welche und von wem)). In der Schule habe ich drei verschiedene Aufsätze über das Kapitel «Der Verstoßene» aus *Moby-Dick* geschrieben, wo Pip, der Schiffsjunge, über Bord geht und in der unendlichen Leere des Ozeans den Verstand verliert. Und wann immer ich heute als Lehrer vor einer Schulklasse stehe, gebe ich den Schülern Stephen Cranes «Das offene Boot» zu lesen – und verstehe jedes Mal die Welt nicht mehr, wenn die Kids diese Alptraum-Geschichte entweder langweilig oder viel zu reißerisch finden. Dabei möchte ich ihnen doch nur etwas von demselben ozeanischen Grauen vermitteln, das auch ich immer empfunden habe, eine Ahnung vom Meer als urzeitlichem *nada*, als bodenlosem Nichts, von Tiefen, aus denen feixende, zahnbewehrte Kreaturen zu dir aufsteigen, so schnell, wie eine Feder zu Boden schwebt. Jedenfalls meldete sich auf dieser Luxus-Kreuzfahrt[6] mein atavistischer und lange

6 Jawohl, ich gebe es zu: Am ersten Abend meiner 7NC fragte ich die Küchen-Mannschaft des bordeigenen Fünf-Sterne-Restaurants *Caravelle*, ob sie vielleicht einen Eimer Bratfett *au jus* erübrigen könnten, um damit von der Heck-Reling aus Haie anzulocken. Die Bitte erschien jedoch allen, vom Küchenchef angefangen bis hinunter zum Tellerwäscher, als kränkend, ja, als krank, und heute sehe ich sie als kapitalen journalistischen Fehler. Denn ich bin mir fast sicher, mein an sich harmloses Ansinnen wurde sogleich an Mr. Dermatitis weitergeleitet und hatte

unterdrückter Hai-Horror-Tick verstärkt zurück und ließ mich wegen der einen (mutmaßlichen) Haiflosse, die ich steuerbords entdeckt hatte, ein solches Theater aufführen, dass mir meine Tischgenossen von Tisch 64 schließlich mit größtmöglichem Takt bedeuteten, ich möge endlich die Klappe halten.

Ebenfalls kein Zufall ist, dass diese 7NC-Luxus-Kreuzfahrten vor allem ältere Leute ansprechen. Ich meine nicht steinalt-abgelebt, sondern die Altersgruppe der Über-Fünfzigjährigen, denen die eigene Hinfälligkeit kein abstrakter Begriff mehr ist. Tagsüber fiel es besonders auf: Die teilentblößten Leiber, die ich auf der *Nadir* zu sehen bekam, befanden sich in mannigfaltigen Stadien körperlichen Zerfalls. Wie ja das Meer überhaupt eine einzige große Zersetzungsmaschine ist. (Das Wasser, wie ich feststellen musste, so rachenspülungssalzig, sein Gischthauch so korrosiv, dass ich die Gelenke meiner Brille wohl repa-

meine Verbannung aus Küche und Mannschaftsquartier zur Folge. Wenn ich also nicht von der Welt hinter den Kulissen der *Nadir* berichten kann, dann liegt es an meiner eigenen Dummheit. (Und es zeigte auch, wie wenig Ahnung ich von den tatsächlichen Dimensionen eines Kreuzfahrtschiffs hatte. Ein Eimer mit Bratenfett, über die Reling von Deck 12 gekippt, also aus zirka fünfzig Metern Höhe, wäre bestenfalls als feiner bräunlicher Schleier auf der Wasseroberfläche niedergegangen, mit einer Blut- und Gewebekonzentration, über die ein richtiger Hai nur hätte lachen können. Außerdem wäre aus dieser Entfernung die Rückenflosse eines Hais kaum größer gewesen als ein Stecknadelkopf.)

rieren lassen muss.) Meerwasser zerstört jedes Schiff in erstaunlichem Tempo, verwandelt Stahl in Rost, lässt Farben sich pellen, Lacke bröseln, vernichtet Glanz, überzieht Bordwände mit Muscheln und Algen und einem allgegenwärtigen maritimen Schmodder, der wie der Tod selber scheint. In den Häfen ließ sich das ganze Elend gut beobachten. Der Horror: Kähne, die aussahen wie in Säure und Scheiße getaucht, über und über mit Ausschlag bedeckt, Rost und Schleim, zerfressen von dem, worin sie schwimmen.

Nicht so die Schiffe der Megalines. Sie sind allesamt weiß und sauber, denn ihr Zweck ist nicht zuletzt, den calvinistischen Triumph von Kapital und Industrie über die archaische Zerstörungskraft der See zu repräsentieren. Die *Nadir* beschäftigte ein ganzes Bataillon von wuseligen Drittwelt-Gestalten, die in ihren blauen Overalls tagein, tagaus das Schiff nach etwaigen Zeichen beginnenden Gammels absuchten. Der Autor Frank Conroy («Alle Zeit der Welt») schreibt in einer Art Werbeessay auf den ersten Seiten des Celebrity-Cruises-Katalogs: «Ich betrachtete es als eine Art persönliche Herausforderung, irgendwo an Bord ein Zeichen mangelhafter Wartung zu entdecken, ein angelaufenes Messingteil, eine angestoßene Reling, ein Schmutzfleck auf dem Deck, ein lockeres Kabel, irgendetwas, das nicht hundertprozentig tipptopp war. Endlich, gegen Ende der Reise, fand ich, was ich suchte, ein Gangspill[7] mit einer etwa halbdollargroßen Roststelle auf der

7 (offenbar eine Schiffswinde, so etwas wie ein anabolgedopter Flaschenzug)

Außenbordseite. Allerdings wurde meine Freude über den winzigen Makel jäh unterbrochen, als ein Matrose mit Farbeimer und -roller anrückte. Ich konnte zusehen, wie er die komplette Gangspill frisch anstrich und sich mit einem kurzen Nicken wieder entfernte.»

Denn darum geht es. Ein Urlaub bedeutet Schonung vor den Unannehmlichkeiten des Lebens, und da das Wissen um Tod und Untergang mit ziemlicher Sicherheit unangenehm ist, mag es verwundern, warum der alternative amerikanische Traumurlaub ausgerechnet darin besteht, in eine archaische Todesmaschine gepfercht zu werden. Doch auf einer 7NC-Luxus-Kreuzfahrt arbeitet man geschickt am Traum vom Sieg über eben diesen Tod und Untergang. *Eine* Methode des Siegs über den Tod besteht in eiserner Ertüchtigung; die überbordenden Wartungsanstrengungen der *Nadir*-Mannschaft finden ihre plumpe Entsprechung im Aufbauprogramm für die Passagiere: Diät, Fitnessübungen, Megavitamin-Nahrungsergänzungs-Schnickschnack, kosmetische Chirurgie, Frank-Quest-Zeitmanagement-Seminare usw.

Natürlich gibt es, Stichwort Tod, noch eine zweite Möglichkeit. Nicht durch Ertüchtigung, sondern durch Erregung. Nicht durch harte Arbeit, sondern durch gnadenloses Vergnügen. Schier unübersehbar ist der 7NC-Veranstaltungskalender mit seinen Spiel- und Spaßaktivitäten. Bordfeste, Disco und Bühnenshows verbreiten eine permanente Partylaune, kitzeln das Adrenalin, machen müde Knochen munter. Hier spielt die Musik, pulsiert das

Leben. Welche unglaublichen Weiterungsmöglichkeiten der Existenz![8] Allerdings wird die Todesfurcht nicht so sehr überwunden als ausgeblendet. «Nach dem Dinner treffen Sie sich mit Ihren Freunden[9] in der Lounge, ehe es heißt ‹Vorhang auf für unser Showprogramm!› Doch damit nicht genug. Spätestens nach dem begeisterten Applaus wird jemand aus Ihrem Freundeskreis[10] die Frage stellen: ‹Und was machen wir jetzt?› Wie wäre es mit einem Abstecher ins Casino oder in die Disco? Oder lieber zu einem ‹Absacker› in unsere stilvolle Piano-Bar? Oder was halten Sie von einem Spaziergang auf Deck, unter dem sternglänzenden Nachthimmel? Der Möglichkeiten sind viele, und es wäre nicht verwunderlich, wenn Sie am Ende sagten: ‹Warum nicht alles zusammen? *Let's do it all!*›»

Okay, das klingt nicht gerade nach Dante, und dennoch ist der 7NC-Katalog ein geniales und wirkmächtiges

---

8 Auf jedem Deck der *Nadir*, vor jedem Aufzug, an jeder Kreuzung in den Gängen, hängen sie, diese Übersichtskarten, jede mit einem roten Punkt und dem Hinweis SIE SIND HIER. Wirklich, es sind Hunderte. Aber schon bald ahnt man, dass sie weniger der Orientierung als der Beruhigung dienen.

9 Auffällig in diesem Katalog der ständige Verweis auf irgendwelche «Freunde». Unverzichtbarer Bestandteil der Erlösung von der Todesfurcht ist, dass auf einem Kreuzschiff niemand je allein bleibt.

10 Q. e. d.

Mittel der Verführung. Katalog ist übrigens untertrieben, das Ding ist ein veritables Hochglanzmagazin mit aufwendigem Layout und künstlerisch gestalteten Fotostrecken von niveauvollen, braun gebrannten Paaren[11] unter dem Einfluss eines Grinskrampfs der Verzückung. Alle großen Kreuzfahrtlinien geben solche Kataloge heraus, und sie sind im Grunde austauschbar. Im Mittelteil findet man eine Aufstellung der verschiedenen Routen und Reiseangebote. Auf einer 7NC-Standardversion geht es entweder in die westliche Karibik (mit Jamaika, den Kaiman-Inseln, Cozumel), in deren östlichen Teil (Puerto Rico, Jungferninseln) oder in Gewässer namens «Deep Caribbean» (mit Martinique, Barbados, Mayreau). Außerdem gibt es auch

---

11 Man sieht in diesen Katalogen immer nur Paare, selbst auf den Gruppenaufnahmen, lauter Paare. Einen Katalog für Single-Kreuzfahrten habe ich noch nicht entdeckt, aber der Gedanke lässt mich nicht los. Dafür gab es, gleich am ersten Abend, eine Singles-Get-Together-Party in der Scorpio-Disco auf Deck 8. Es bedurfte meinerseits einer vollen Stunde der Selbsthypnose und entspannender Atemübungen, ehe ich mich dazu aufraffen konnte, aber sogar dort waren dreiviertel der Gäste Paare, und wir wenigen echten Singles unter Siebzig machten eine ziemlich elende Figur. Kurz, das Get-Together war ein Selbstmord-Anreiz allererster Güte, und bereits nach einer halben Stunde trat ich den Rückzug an, weil im bordeigenen Kabel-TV an diesem Abend *Jurassic Park* lief. Ich hatte bloß noch nicht in die Fernsehvorschau geguckt, sonst wäre mir aufgefallen, dass der Film in der darauf folgenden Woche noch etliche Dutzend Male wiederholt wurde.

David Foster Wallace

zehn- oder elftägige, so genannte «Ultimate Caribbean Packages», sie führen an so ziemlich jeden exotischen Küstenstreifen zwischen Miami und dem Panama-Kanal. Eine detaillierte Preisliste[12], Pass- und Zollbestimmungen und allgemeine Reisehinweise beschließen den Katalog.

Der Anfangsteil hingegen ist derjenige, der einen wirklich packt: diese Fotos, diese kursiv gesetzten (ausschließlich begeisterten) Zitate aus Reiseführern und Fachpresse, diese Traumkulissen und lyrischen Schilderungen der Celebrity-Cruises-Erlebniswelt! Man kann sagen, was man will, aber diese Hefte machen Lust auf mehr. Allein die goldunterlegten Hypertext-Kästen, in denen Sachen stehen wie EINFACH DIE SEELE BAUMELN LASSEN oder ENTSPANNUNG WIRD IHNEN ZUR ZWEITEN NATUR ... oder DEN ALLTAGSSTRESS VERGESSEN. Solche Versprechungen weisen auf einen dritten Weg metaphysischer Todesverdrängung, den die *Nadir* ihren Passagieren zu bieten hat, einen Weg, der ohne Ertüchtigung oder Erregung auskommt und der die eigentliche Verheißung einer 7NC darstellt.

---

12 Eine gewöhnliche 7NC auf einem Megaschiff wie der *Nadir* kostet zwischen 2.500 und 4.000 Dollar. Wer eine Präsidentensuite vorzieht, mit Skylight, einer richtigen Bar (nicht nur Mini-) samt automatischen Palmwedeln etc. muss etwa doppelt so viel hinlegen.

4

«Allein an der Reling zu stehen und den Blick aufs Meer hinausschweifen zu lassen, hat eine ungemein beruhigende Wirkung. Während Sie wolkengleich über den Wellen schweben, fällt jeglicher Ballast von Ihnen ab, und es scheint, als lächle die ganze Welt Ihnen zu. Nicht nur die Mitreisenden, nein, auch die Mannschaft. Als der Steward Ihnen freudig den Drink reicht, erwähnen Sie die vielen fröhlichen Gesichter unter der Crew. Der Steward erklärt Ihnen, dass jeder Celebrity-Mitarbeiter persönlich dafür Sorge trägt, dass es Ihnen – als ihrer aller Ehrengast – auf dieser Reise an nichts mangelt.[13] Dies sei auch der Grund,

---

13 Auf meine hartnäckige Nachfrage erklärte die Celebrity-Pressesprecherin Ms. Wiessen (eine Stimme wie Debra Winger) den freundlich-fröhlichen Service so: «Die Leute an Bord, also die Mitarbeiter, sind, wie Sie vielleicht bemerkt haben, Teil einer großen Familie. Sie alle lieben ihren Beruf und lieben es, andere Leute zu bedienen, und achten sehr auf die Wünsche und Bedürfnisse unserer Passagiere.»

Dies jedoch deckt sich nicht ganz mit meinen Beobachtungen, im Gegenteil. Auf der *Nadir* herrschte ein erbarmungsloses Regiment, mit einem Elitekader eisenharter griechischer Offiziere und Controllern an der Spitze, die ihre Untergebenen keine Sekunde lang aus den Augen ließen und permanenten Schrecken verbreiteten. Die Arbeitsbedingungen an Bord ähnelten denen bei Dickens, sodass echte Fröhlichkeit nicht aufkommen dürfte. Ich hatte den Eindruck, dass neben Schnelligkeit und Freundlichkeit auch Fröhlichkeit zu den Beurteilungskriterien zählte, über die

fügt er hinzu, dass er sich nicht vorstellen könne, jemals woanders zu arbeiten als auf diesem Schiff. Ihnen genügt ein Blick hinaus aufs Meer, um ihm von ganzem Herzen zuzustimmen.»

Der 7NC-Katalog von Celebrity Cruises schwelgt in der dritten Person Plural. Und das nicht ohne Grund. Die 7NC-Erlebniswelt wird nämlich nicht nur einfach beschrieben, sondern geradezu heraufbeschworen. Die heimliche Verführung liegt nicht so sehr darin, dass der Text die Phantasie anregt, sondern dass er Phantasien konstruiert. Natürlich handelt es sich letztlich nur um Werbung, aber diese Werbung besitzt einen eigenartig autoritären Zug. Normale Werbung zeigt attraktive Menschen, die in einer produktbezogenen Situation fast schon unerlaubt viel Spaß haben, und der Konsument darf sich durch den Kauf des Produkts in diese heile Welt hineinphantasieren. Normale Werbung schmeichelt der Entscheidungsfreiheit des Konsumenten insofern, als sie den Kauf des Produkts zur Bedingung für seinen Eintritt in eine Phan-

von den klemmbrettbewaffneten griechischen Bossen lückenlos Buch geführt wurde. In unbeobachteten Momenten hatten die Service-Mitarbeiter diesen geschundenen, übermüdeten Ausdruck im Gesicht, wie man ihn auch aus anderen Niedriglohnjobs kennt. Dazu die ständige Angst, wie mir schien, schon für die kleinste Nachlässigkeit gefeuert zu werden, was nicht nur einen hochglanzpolierten griechischen Offiziersfußtritt beinhalten mochte, sondern auch die Gelegenheit, in karibischen Gewässern den Fahrtenschwimmer nachzuholen.

tasiewelt macht. Im Grunde werden nur Phantasien verkauft, aber ein konkreter Bezug zu dieser Phantasiewelt fehlt ebenso wie ein direktes Versprechen. Normale Werbung, soweit sie sich an Erwachsene richtet, ist im Kern also höchst zurückhaltend.

Man vergleiche dies mit dem Druck, den die 7NC-Kataloge auf den Konsumenten ausüben, die fast gebieterische Ansprache in der dritten Person Plural und eine Detailversessenheit, die sogar die Reaktion des Konsumenten vorausnimmt («*Sie werden sagen:* ‹Dem kann ich nur von ganzem Herzen zustimmen.›» Oder: «Sie werden sagen: ‹Warum nicht alles zusammen? *Let's do it all!*›»). In diesen Katalogen erspart man dem Konsumenten die Phantasiearbeit, denn die hat der Katalog bereits geleistet. Solche Werbung schmeichelt zwar nicht der Entscheidungsfreiheit des erwachsenen Konsumenten, ja, ignoriert sie noch nicht einmal, sondern ersetzt sie.

Diese autoritäre, beinahe fürsorgliche Werbung enthält ein Versprechen eigener Art, ein teuflisch buhlerisches Ver-

Und noch etwas anderes ließ sich feststellen, nämlich eine eigenartige Zuneigung der Service-Sklaven ihren Gästen gegenüber, auch wenn diese natürlich nur eine relative war. Aber im Vergleich zu den tyrannischen Griechen war selbst der pingeligste und verwöhnteste Gast eine Erholung, und die Mannschaft war dankbar dafür, so dankbar wie man selber, wenn man etwa in Boston oder New York ab und zu Resten menschlichen Anstands begegnet.

sprechen, das in gewisser Weise schon wieder ehrlich ist, da auf der beworbenen Kreuzfahrt tatsächlich mit allen Mitteln an seiner Erfüllung gearbeitet wird. So wird einem beispielsweise nicht versprochen, dass man auf einer Kreuzfahrt viel Spaß haben *kann*, sondern dass man ihn haben *wird*, den Spaß. Dass die Celebrity-Leute sich schon darum kümmern werden. Dass sie sich darum kümmern werden mit einer Intensität, welche sogar die ätzendste Nörgelneigung überwindet, auf dass kein Passagier sich durch die eigene Denke, seine Entscheidungsfreiheit oder Furcht den Traumurlaub versaut. Eine Rechnung, aus der kontraproduktive Faktoren wie Unsicherheit, Reue, Unzufriedenheit und Verzweiflung konsequent herausgestrichen werden. Die Werbung verspricht dem Konsumenten – wenigstens dieses eine Mal – einen Urlaub, der keine Wünsche offen lässt, weil ihm gar keine andere Wahl gelassen wird, als sich blendend zu amüsieren.[14]

Ich bin mittlerweile 33 Jahre alt, und es kommt mir vor, als wäre in meinem Leben bereits viel Zeit vergangen, und

---

14 Ein bei Megalines gern verwendeter Slogan lautet: «YOUR PLEASURE IS OUR BUSINESS.» Was in normaler Werbung lediglich doppelsinnig klingt («Ihre Urlaubsfreuden sind unser Beruf/liegen uns am Herzen»), besitzt hier sogar noch eine dritte, beinahe einschüchternde Bedeutung: «HALTEN SIE ENDLICH DIE SCHNAUZE UND LASSEN SIE UNS PROFIS NUR MACHEN. WAS WAHRE URLAUBSFREUDEN SIND UND WAS NICHT, WISSEN WIR IMMER NOCH AM BESTEN.»

als vergehe sie sogar mit jedem weiteren Tag etwas schneller. Tagaus, tagein bin ich gehalten, alle möglichen Entscheidungen zu treffen über das, was wichtig und richtig ist und was mir womöglich sogar etwas (Spaß) bringt. Genauer gesagt, zuerst muss ich entscheiden – und mich dann damit abfinden, dass ich aufgrund meiner Entscheidung andere Optionen nicht ausüben konnte. Und während also die Zeit für mich immer schneller vergeht, wird mir allmählich klar, dass sich meine Wahlmöglichkeiten immer mehr reduzieren, während sich die ausgeschlagenen Optionen exponentiell vermehren, sodass der Moment absehbar ist, an dem ich auf dem prächtig verästelten Baum des Lebens an einen Zweig gelange, an dem es keine Alternative mehr gibt und ich von der Zeit auf dem einmal eingeschlagenen Weg weitergedrängt werde – in Richtung Stillstand, Atrophie und Verfall. Ich schleppe mich dahin, bis ich, wie die Bibel schon sagt, zum drittenMal niedergehe und alles Kämpfen nichts mehr nutzt, ersoffen in der Zeit. Es ist furchtbar. Immerhin, sage ich mir als der erwachsener Mensch, der ich gerne sein will, es sind meine *eigenen* Entscheidungen, in denen ich festsitze wie in einem Gefängnis. Denn so sind die Spielregeln: Ich muss mich entscheiden – und später damit leben, dass ich meine Entscheidungen bereue.

Nicht so auf der luxuriösen und makellosen *Nadir*. Auf einer 7NC-Luxus-Kreuzfahrt zahle ich für das Privileg, jede Verantwortung an eigens dafür ausgebildete Profis abgeben zu dürfen, Verantwortung nicht nur für das, was ich an Bord erlebe, sondern auch für die *Interpretation* des Erlebten, das heißt für mein Vergnügen. 7 Nächte und 6,5 Tage wird mein ganz individuelles Vergnügen professionell gemanagt, genau wie im Katalog versprochen – oder besser: vorausgesagt. Der Imperativ der dritten Person nimmt die Erfüllung meiner Wünsche bereits vorweg, gehört gewissermaßen zum Service. Somit dürfen Sie an Bord der *Nadir* etwas tun, was sich im fulminanten Finale des Anfangsteils (ib. S. 23 und mit goldener Schrift) folgendermaßen liest: «… dürfen Sie etwas tun, was Sie bestimmt schon lange nicht mehr getan haben: nämlich *rein gar nichts.*»

Seit wann haben Sie das nicht mehr getan? *Rein gar nichts* getan? In meinem Fall weiß ich das zufällig genau. Ich weiß genau, wann ich zum letzten Mal in den Genuss einer solchen Rundumversorgung gekommen bin. Als noch jedes Bedürfnis so umgehend und umfassend selbstredend erfüllt wurde, Bedarf noch nicht *angemeldet,* Ansprüche so wenig *geltend gemacht* werden mussten, dass die Annahme gestattet war, sie existierten gar nicht. Es war zu einer Zeit, da schwamm ich ebenfalls irgendwo herum, und das Wasser war salzig und warm, aber eben nicht *zu* warm, sondern genau richtig. Und wenn ich von dieser Zeit überhaupt noch etwas weiß, dann dies: Ich kannte keine Furcht und war wunschlos glücklich und hätte vermutlich allen eine Postkarte geschickt des Inhalts «Schade, das ihr nicht auch hier sein könnt …»

5

Das 7NC-Verwöhnprogramm läuft zwar etwas ruckelnd an, aber es beginnt bereits auf dem Flughafen, wo man nicht zur Gepäckausgabe muss, weil Mitarbeiter der Megaline die Koffer für einen abholen und sie direkt aufs Schiff weiterleiten.

Außer Celebrity Cruises operieren eine ganze Reihe anderer Kreuzfahrtlinien von Fort Lauderdale[15] aus, was sich schon auf dem Hinflug von Chicago O'Hare bemerkbar macht. Überall Leute in Ferienstimmung, angetan mit dem typischen, uramerikanischen Urlaubs-Outfit. Auch die Leute neben mir im Flugzeug haben die *Nadir* gebucht. Es handelt sich um ein Rentnerehepaar aus Chicago, das sich nun schon zum vierten Mal in vier Jahren auf große Fahrt begibt. Sie sind es, die mir von dem jugendlichen Todesspringer berichten und auch von einer inzwischen legendären Salmonellen- bzw. *E. coli*-Epidemie oder so an Bord eines Luxuskreuzers Ende der Siebzigerjahre, die bekanntlich zu verstärkten Hygienekontrollen der Gesundheitsamts geführt habe; erwähnenswert in diesem Zusammenhang sei auch der Ausbruch der Legionärskrankheit (angeblich durch einen Whirlpool) auf einem

---

15 Fort Lauderdale dient Celebrity, Cunard, Princess sowie Holland America als Heimathafen. Carnival und Dolphin stechen von Miami aus in See, wieder andere auch von Port Canaveral, Puerto Rico oder den Bahamas aus.

7NC-Megaship. Gerade einmal zwei Jahre sei das jetzt her, so die Frau, die als Sprecherin des Ehepaars fungiert, und passiert sei es vermutlich sogar auf einem der drei Cele-brity-Schiffe, aber sicher sei sie sich nicht. In einem fort erzählt sie diese Horrorgeschichten, tut aber vornehm-pikiert, wenn ein entsetzter Zuhörer Genaueres wissen will. Der Mann trägt eine Anglermütze mit langem Schirm und ein T-Shirt mit der Aufschrift BIG DADDY.

7NC-Luxus-Kreuzfahrten beginnen und enden jeweils samstags. Heute ist Samstag, der 11. März. Die Zeit: 10:20 Uhr. Wir verlassen den Flieger. Man muss sich die Szene auf dem Flughafen von Fort Lauderdale vorstellen wie nach dem Fall der Berliner Mauer, mit dem einzigen Unterschied, dass die Massen der Ostdeutschen leicht übergewichtig sind, aber sonst eben ganz lustig und fidel in ihren pastellfarbenen Hawaiihemden. Hinten an der Wand der Ankunftshalle stehen etliche resolute Damen in einem angedeuteten Marine-Look und halten ihre Schil-der hoch: HLND, CELEB, CUND CRN. Was Sie jetzt machen müssen (die Frau aus dem Flugzeug, einen halben Schritt hinter BIG DADDY, der uns einen Weg durch den Auflauf bahnt, brieft mich), was Sie jetzt machen müssen, ist: Sie müssen sich Ihre persönliche resolute Dame von Ihrer Megaline suchen und gewissermaßen andocken und immer schön bei ihr bleiben (Rockzipfel), während sie mit ihrem Schild die Runde macht, um nach und nach immer mehr Passagiere einzusammeln und diesen quasi organisch gewachsenen Zellklumpen aus *Nadir*iten anschließend zu

34 David Foster Wallace

den Bussen zu geleiten, welche uns zur Pier fahren, wo wir in unserer bodenlosen Naivität einer sofortigen und problemlosen Einschiffung entgegensehen.

Anscheinend fristet Ft. Lauderdale Airport sechs Tage die Woche das Dasein eines durchschnittlich verschlafenen, mittelgroßen Flughafens, um sich pünktlich jeden Samstag in eine Kulisse aus den letzten Tagen von Saigon zu verwandeln. Die eine Hälfte des Mobs besteht aus gepäckbeladenen 7NC-Heimkehrern, kenntlich an der Urlaubsbräune und den bizarren, eigenartig haarigen Souvenirs verschiedenster Größe und Bestimmung. Sie alle haben diesen weggetretenen Blick, den die Frau aus Chicago als Indiz für eine von ihr so genannte Innere-7NC-Ausgeglichenheit identifiziert. Wir 7NC-Gerade-Ankommer dagegen wirken alle noch ziemlich blass und gestresst und irgendwie nicht einsatzbereit.

Draußen vor dem Flughafen wird uns («uns von der *Nadir*») gesagt, wir könnten unseren Zellklumpen jetzt auflösen und uns in einer Reihe am Bordstein aufstellen, wo uns die *Nadir*-Charterbusse abholen würden. Unsicher schauen wir zu der Herde von Holland America hinüber, die sich in ähnlicher Weise auf einer Art grasbewachsenem Mittelstreifen, parallel zu unserer Rampe, aufgereiht hat. (Preisfrage: Kann, soll, darf man jetzt winken?) Aber beide Gruppen, Celebrity wie Holland America, schauen ein bisschen vergnatzt auf den Princess-Haufen, dessen Busse soeben vorfahren. Sämtliche Kofferträger, Taxikutscher, Busfahrer und weißgegürteten Verkehrspolizisten von

Ft. Lauderdale Airport stammen aus Kuba. Das Rentnerehepaar aus Chicago, auf ihrer insgesamt vierten 7NC
längst gerissene Veteranen, hat sich bis zum Kopf der
Schlange vorgedrängelt. Eine zweite Celebrity-Ordner-
Dame versichert uns über Megaphon mehrfach, für das
Gepäck sei gesorgt, es würde später nachkommen, und
offenbar bin ich der Einzige, der sich dabei an die Verla-
deszene aus *Schindlers Liste* erinnert fühlt.

Okay, in der Schlange bin ich: genau zwischen einem
korpulenten schwarzen Kettenraucher mit *NBS Sports*-
Cap und einer Reisegruppe, deren Mitglieder sich durch
Businesskluft und Abzeichen als Führungsriege einer gewissen Engler Corporation ausweisen.[16] Ganz weit vorn in
der Schlange hat das Rentnerehepaar aus Chicago einen
Sonnenschirm aufgespannt. Von Südwesten her ziehen
zwar Schäfchenwolken auf, aber unmittelbar über uns
hängen nur dürftige Zirrus-Schleier, und bei der Warterei
in der Sonne wird es sogar ohne Gepäck oder Angst vor
Kofferklau anständig warm, vor allem, wenn man mangels
Voraussicht ein leichenkärrnerschwarzes Jackett trägt und
eine völlig inadäquate Kopfbedeckung. Aber das Schwitzen tut gut. In Chicago war es am Morgen noch 7 Grad

16 Ich war trotz intensiver Recherche bis zuletzt nicht in der
Lage, herauszufinden, was diese Engler Corporation macht oder
herstellt, aber ganz offensichtlich handelte es sich um eine Ab-
ordnung der Leitungsebene, die auf dieser 7NC eine Art Ferien-
seminar oder Konferenz abhielt.

minus gewesen und die Sonne so schwach, dass man ihr direkt ins rote Auge schauen konnte. Es tut gut, wieder richtige Sonne zu spüren, grünes Laub zu sehen, das sich im Wind bewegt. Wir warten insgesamt ziemlich lange, und aus der *Nadir*-Schlange werden erneut Menschenklumpen, weil der übliche Schlangen-Smalltalk nicht lange vorhält und man bald ernsthaft ins Gespräch kommt. Entweder es gab einfach nicht genug Busse für so viele Leute, die mit der Frühmaschine gekommen waren, oder aber – *meine* Theorie – dieselben Celebrity-Cruises-Strategen, die schon diesen enorm verführerischen Katalog ausgeheckt hatten, dachten, es wäre vielleicht eine prima Idee, den Transfer so langwierig und unangenehm wie möglich zu gestalten, damit der Kontrast zur 7NC-Erlebniswelt um so eindrucksvoller wird.

Doch endlich ist es so weit. In einer Kolonne von acht gecharterten Greyhound-Bussen fahren wir zu den Piers. Sowohl die Geschwindigkeit unseres Konvois als auch der respektvolle Abstand der anderen Verkehrsteilnehmer lässt Gedanken an ein Leichenbegängnis aufkommen. Das Stadtbild von Ft. Lauderdale zeigt Ähnlichkeiten mit einem extrem großen Golfplatz, doch die Piers der Kreuzfahrtschiffe liegen in einem Vorort namens Port Everglades, einem Industriegebiet, dessen letzte Wohnhäuser systematisch dem Verfall preisgegeben werden, um Platz zu schaffen für Lagerhäuser und Umspannwerke und Containerhalden. Dazwischen immer wieder weite Brachen, auf denen sich ledern-bösartige Florida-Gewächse ausbreiten. Wir kommen an einem Ölfeld vorbei, wo hammerförmige Pumpanlagen die Steigrohre fellationieren, und ganz hinten am Horizont entdecke ich einen Schnipsel glänzendes Grau – das muss das Meer sein. In meinem Bus sind mehrere verschiedene Sprachen in Gebrauch. Bei jedem Schlagloch oder beim Überfahren von Bahngleisen ist das massenhafte Klappern von umgehängten Kameras zu hören. Ich empfinde einen perversen Stolz bei dem Gedanken, dass ich selber keine Kamera dabeihabe.

Der normale Liegeplatz der *Nadir* ist Pier 21. Pier, denkt man, das sind Kaimauern, Gangways und glucksendes Wasser. Doch in diesem Fall hat Pier etwa so viel mit Hafen zu tun wie ein Flughafen, das heißt, es ist in erster Linie ein Areal, keine Sache. Weit und breit kein Wasser in Sicht, keine Docks, kein Fischgeruch, kein Salzhauch in der Luft, nur jede Menge weißer Ozeanriesen, die bei unserer Einfahrt in die Pier-Zone den Blick auf den Himmel versperren.

Während ich dies schreibe, sitze ich auf einem der orangefarbenen Plastikstühle, die in der Wartehalle von Pier 21 in endlosen Reihen in den Boden geschraubt sind. Wir sind aus dem Bus ausgestiegen und wurden per Megaphon durch diese großen Glastüren gescheucht, wo uns zwei weitere, gänzlich humorlose Marine-Damen jeweils ein Plastikkärtchen mit einer Nummer in die Hand gedrückt haben. Meine Karte trägt die Nummer 7. Ein paar Leute, die in der Nähe sitzen, fragen mich, «was ich bin», und ich gehe mal davon aus, ich sollte jetzt sagen «eine 7». Die Karten sind alles andere als neu, auf meiner zum Beispiel hat in einer Ecke jemand seinen schokoladigen Fingerabdruck hinterlassen.

Von innen gleicht Pier 21 einem gigantischen Zeppelin-Hangar ohne Zeppelin, ein Saal mit hohen Decken und enormer Akustik. Auf drei Seiten von schmutzigen Glas-wänden umschlossen, bietet Pier 21 Platz für 2.500 Plas-tiksitze in 25-er-Reihen. Der Wartesaal verfügt über eine trostlose Snack-Bar und lange Schlangen vor den Toilet-ten. Wie gesagt, der Geräuschpegel schlägt alles. Regen-schauer pladdern gegen die Glaswände, obwohl draußen die Sonne scheint. Manche Leute auf den Sitzen sehen aus, als harrten sie seit Tagen hier aus, sie zeigen den glasigen, ergebenen Blick gestrandeter Luftpassagiere, die wegen ei-nes Schneesturms schon ewig auf ihren Weiterflug warten.

Es ist inzwischen 11:32 Uhr, und die Abfertigung be-ginnt *grundsätzlich* keine Sekunde vor 14:00 Uhr. So je-denfalls wird uns von einer Lautsprecherstimme ebenso freundlich wie kategorisch mitgeteilt.[17] Die Stimme klingt

17 Der Grund für die Verzögerung wird erst am darauf folgen-den Samstag offenbar. Denn der Zeitplan ist eisern und immer derselbe. Bis spätestens 10:00 Uhr müssen die Passagiere von Bord und abtransportiert sein, denn Punkt 10:00 Uhr rückt in Batail-lonsstärke die Putztruppe an, Drittwelttypen, die in ihren blauen Overalls aussehen wie Gefangenenwärter und die zusammen mit den Stewards auch noch die letzten Spuren unserer Anwesenheit beseitigen, ehe um 14:00 Uhr die nächsten 1.374 Passagiere das Schiff betreten.

so, wie man sich ein englisches Supermodel vorstellt. Alle klammern sich an ihre Plastikkärtchen, als wären die Kärtchen Pässe, wir noch im Kalten Krieg und Pier 21 Checkpoint Charlie. Das massenhafte, ängstliche Warten hat etwas von Ellis Island oder Auschwitz, aber mir ist nicht wohl bei diesem Vergleich und ich möchte ihn auch nicht vertiefen. Den vielen Hawaiihemdem zum Trotz, viele der Wartenden wirken jüdisch auf mich, und ich schäme mich bei dem Gedanken, jüdische Herkunft am Aussehen erkennen zu können.[18] Nur etwa zwei Drittel der Leute haben tatsächlich auf den orangefarbenen Sitzen Platz genommen. Zwar ist die Atmosphäre im Abfertigungs-Hangar von Pier 21 nicht so krass wie, sagen wir, an der Grand Central Station um 17:15 Uhr an einem Freitagnachmittag, aber eben meilenweit entfernt von dem total unstressigen Verwöhn-Ambiente, auf das der Celebrity-Katalog ständig abhebt. Ich bin übrigens längst nicht der Einzige, der in diesem Augenblick traurig durch dessen Hochglanzseiten blättert. Andere lesen den *Fort Lauderdale Sentinel* und starren mit leerem U-Bahn-Blick ihr Gegenüber an. Ein Junge in einem T-Shirt mit der Aufschrift SANDY DUNCAN'S EYE schnitzt etwas in seinen Plastiksitz. Nicht wenige alte Menschen reisen mit noch

---

18 Vor allem an öffentlichen Orten der amerikanischen Ostküste entdecke ich auf diese Weise immer wieder den Rassisten in mir – der innerlich jedoch sofort in seine politisch korrekten Schranken gewiesen wird.

erheblich älteren, wahrhaft steinalten Herrschaften zusammen – offenbar die Eltern. In verschiedenen Sitzreihen nehmen verschiedene Leute ihre Camcorder so routiniert auseinander wie Soldaten ihre Waffe. Aber es gibt auch die typischen WASP-Passagiere, darunter viele jüngere Paare mit Flitterwochen-Ausstrahlung, wenn ich die Art, wie sie einander den Kopf auf die Schulter legen, richtig interpretiere. Von einem bestimmten Alter an sollten Männer allerdings keine Shorts mehr tragen. Die Beine alter Männer sind auf eine Weise kahl, die eklig ist; die Haut sieht regelrecht gerupft aus und schreit nach Behaarung, vor allem an den Waden. Die Waden dürften der einzige Körperteil sein, an dem man sich bei älteren Männern *mehr* Haare wünscht. Ist dieser fibulare Haarverlust die Folge jahrelangen Abriebs durch Hosen und Socken? Endlich klärt sich auch, was es mit den Plastikkärtchen auf sich hat. Man darf nämlich erst dann aufs Schiff, wenn die eigene Nummer aufgerufen wird. Die Einschiffung erfolgt jeweils in «Stückmengen».[19] Die Nummer auf dem Kärtchen steht also nicht für das Individuum, sondern für die Kohorte, zu der man gehört. Einige alte 7NC-Hasen in der Nähe ver-

---

19 Der Begriff stammt von einem etwa fünfzigjährigen achtfachen Kreuzfahrer mit einem blonden Pony und rötlichen Vollbart, aus dessen Schultertasche ein seltsames, an eine Reißschiene erinnerndes Utensil herausragt. Er ist auch der Erste, der mir unaufgefordert erklärt, warum diese 7NC-Kreuzfahrt für ihn eine psychische Notwendigkeit darstellt.

raten mir, dass die 7 keine besonders tolle Stückmengen-Nummer ist und empfehlen, mich auf eine geraume Wartezeit einzurichten. Hinter den großen, grauen Türen, jenseits des lärmenden Andrangs vor den Toiletten, führt ein nabelschnurartiger Schlauch auf die *Nadir*, die sich hinter den Fenstern der Südfront als riesige weiße Wand präsentiert. Ungefähr in der Mitte des Wartesaals haben samthäutige, in klinisches Weiß gekleidete Beraterinnen der Firma Steiner of London einen langen Tisch aufgebaut, wo der wartenden Damenwelt kostenlose Kosmetik- und Pflegetipps zuteil werden – so viele potenzielle Kundinnen auf einem Haufen können gar nicht früh genug angegraben werden.[20] Die Frau aus Chicago und BIG DADDY sitzen in der Südwestecke der Halle und spielen Uno mit einem Ehepaar, das sie auf einer Princess-Alaska-Kreuzfahrt im Jahr 1993 kennen gelernt haben.

Ich selbst habe mich zum Schreiben an die Westseite des Hangars verzogen, hocke dort, die Kladde auf den Knien, an der weiß gestrichenen Plattenbau-Wand, die an ein Billighotel erinnert und sich trotz der Hitze eigenartig klamm anfühlt. Ich habe mich inzwischen sogar meines Hemds entledigt, trage nur noch T-Shirt und Krawatte. Letztere

20 Wie sich später herausstellt, verfügt Steiner of London auf dem Oberdeck, neben dem Olympic Health Club, über einen eigenen Beauty-Bereich, wo der weiblichen Gästeschaft allerlei Kräuterpackungen, Cellulite- und Gesichtsbehandlungen angeboten werden. Auch der Schönheitssalon auf Deck 5 gehört zu Steiner.

sieht aus wie aus dem Wasser gezogen und ausgewrungen. Schwitzen ist zum Normalzustand geworden. Celebrity Cruises will uns damit offenbar sagen, dass wir nunmehr die Welt der unklimatisierten Wartesäle mit menschenverachtender Lüftung verlassen. Es ist 12:55 Uhr. Obwohl der Katalog versichert, man könne von 14:00 Uhr bis zum Auslaufen der *Nadir* um 16:30 Uhr an Bord gehen, sind alle 1.374 Passagiere bereits da, vielfach in Begleitung von Angehörigen und ganzen Verabschiedungskomitees.[21]

Dass der Anlass meiner Reise ein journalistischer ist, hat einen großen Vorteil: In den eher unschönen Momenten – wie jetzt in diesem Wartehangar – kann man sich auf die interessanten/verwertbaren Aspekte konzentrieren und muss nicht so leiden. Bei dieser Gelegenheit sehe ich zum ersten Mal den Jungen mit dem Toupet. Er fläzt sich präpubertär auf seinem Sitz und hat seine Füße auf einen Rattankorb gestellt, während seine Mom (vermute ich mal) nonstop auf ihn einredet. Sein Blick – wie jeder andere in der stagnativen Menge – sucht die Ferne. Sein Toupet ist zwar keines dieser scheußlichen, schwarzglänzenden Dinger, die dem Sportmoderator Howard Cosell einst seinen unverwechselbaren Haubentaucher-Charme ver-

---

21 Die Einschiffung auf einen 7NC-Luxusliner rückt dadurch leicht in die Nähe einer Krankenhauseinweisung oder dem Immatrikulationstag auf dem College, das heißt, ohne Familien- und Verwandtenunterstützung läuft gar nichts. Bis zum letzten Moment stehen sie da, wollen noch Umarmungen und Tränen loswerden, ehe es ernst wird.

liehen, aber überzeugen kann es mich trotzdem nicht. Farblich eher im fuchsroten Bereich angesiedelt, hatte es die Geschmeidigkeit von Montageschaum und wäre, hätte man hineingegriffen, knisternd gebrochen statt nur durcheinander geraten. Die Leute der Engler Corporation sind am Eingang zu einem informellen Meeting zusammengetreten – was aus der Entfernung allerdings aussieht wie Rugby-Gedränge. Die Farbe der Sitze, beschließe ich, lässt sich am besten mit *Wartesaalorange* beschreiben. Mehrere Engler-Männer reden aufgeregt mit ihren Handys, während die Gattinnen stoisch geradeaus schauen. Ringsum in Leserhand entdecke ich – ungelogen – zwölf Mal James Redfields spirituellen Reißer *Die Prophezeiungen von Celestine*. Der Hall zwischen den Glaswänden hat eine ähnlich alptraumhafte Qualität wie der experimentelle Kram der Beatles. An der Snack-Bar kostet ein normaler Schokoriegel 1,50 Dollar und eine Limo sogar noch mehr. Die Schlange vor der Herrentoilette hat sich mächtig in Richtung NW ausgedehnt und reicht nun fast bis an den Tisch von Steiner of London. Mehrere Hafenangestellte laufen mit Klemmbrettern herum – wozu, bleibt unklar. In der Menge sind einige junge Leute im Studentenalter, die alle komplexe Haarkreationen und dazu bereits Badelatschen tragen. Ein kleiner Junge ganz in der Nähe hat die gleiche Baseballkappe auf wie ich, nämlich – okay, ich geb's zu – die Full-Color-Spiderman-Cap.[22]

22 Das ist eine lange Geschichte – und gehört einfach nicht hierher.

44 David Foster Wallace

Allein in meinem näheren Umkreis zähle ich über ein Dutzend verschiedene Kameramarken, die Camcorder nicht mitgerechnet.

Die Garderobe der Leute reicht von lockerer Business-mode bis hin zu tropischer Touristentracht. Ich bin so ver-schwitzt und zerzaust wie niemand sonst hier.[23] Von gesun-der Seeluft ist auf Pier 21 nichts zu spüren. Zwei Engler-Bosse, ausgeschlossen vom betrieblichen Stelldichein im Eingangsbereich, sitzen zusammen am Ende der nächsten Reihe, haben beide das rechte Bein übergeschlagen und wippen unbewusst-taktgleich mit dem Fuß. Es klingt, als hätte jedes Kleinkind in Hörweite eine große Opern-karriere vor sich. Alle Kinder, die auf dem Arm getragen werden, werden ausschließlich vom weiblichen Elternteil auf dem Arm getragen. Über 50 % der Handtaschen sind aus Weidenkorb oder Rattan. Sämtliche Frauen erwecken den Eindruck, als machten sie gerade eine *Cosmopolitan-Diät*. Der Altersdurchschnitt liegt um die 45.

Ein Hafenangestellter läuft mit einer Riesenrolle Kreppband vorbei. Seit 15 Minuten schrillt Ohren zerklin-gelnder Feueralarm, wird aber, da sich weder das englische Ansage-Luder noch die Leute mit den Klemmbrettern dar-

---

23 Offenbar existiert ein statistisch messbarer Zusammenhang zwischen der neurologischen Disposition zu solchen Kreuzfahr-ten und der Neigung zu schwitzen. Kurz, je größer der 7NC-Drang, desto geringer die abgesonderte Schweißmenge. Dies gilt nicht für das Mayfair Casino an Bord der *Nadir*.

um kümmern, von jedermann ignoriert. In dieses Inferno stößt, in zwei Fanfaren von fünfsekündiger Länge, die Basstuba der Hölle mit solch markerschütternder Autorität, dass Hemdschöße flattern und Gesichter zucken. Es ist das Signalhorn der *S. S. Westerdam* von Holland America, die im Begriff ist abzulegen und allen, die nicht mitfahren, letzte Gelegenheit gibt, von Bord zu gehen.

Bis es für die *Nadir* so weit ist, bleibt mir nur, mir den Schweiß von der Stirn zu wischen, mich umzuschauen und Eindrücke zu sammeln, Gespräche aufzuschnappen oder selber Smalltalk zu machen. Mehr als die Hälfte der Passagiere, die ich anspreche, stammen aus Südflorida. Die besten Informationen und den meisten Spaß bekommt man hingegen, wenn man unauffällig ihren Unterhaltungen folgt, denn gequasselt wird überall in dem Wartehangar. Ein Großteil der Unterhaltungen dient der näheren Erklärung – nämlich warum es für den Betreffenden so wichtig gewesen sei, diese 7NC zu buchen. Es ist *das* große Thema in jeder Gesprächsrunde, und es liegt natürlich nahe, so wie man im Aufenthaltsraum einer psychiatrischen Klinik ebenfalls nicht um die Frage herumkommt: «Und weswegen sind *Sie* hier?» Die Antworten sind in einem Punkt verblüffend gleich: Kein einziges Mal gibt jemand zu, er gehe auf diese 7NC-Luxus-Kreuzfahrt, weil er eben gern auf 7NC-Luxus-Kreuzfahrten gehe. Auch begründet niemand seinen Entschluss damit, dass Reisen bildet oder dass Parasailing etwas sei, für das er sonst was tun würde. Nicht einmal die Celebrity-Zauberformel vom uterinen

Verwöhntwerden fällt, obwohl es den Gast im Katalog als feste Zu- und sichere Voraussage praktisch auf jeder Seite umschmeichelt. Nein, das Wort, das immer wieder als Erklärung herhalten muss, lautet *ausspannen und relaxen*. Ausnahmslos jede und jeder beschreibt die vor ihm liegende Woche entweder als *wohlverdiente und längst überfällige Belohnung* für irgendwelche *Belastungen der vergangenen Wochen/Monate/Jahre* oder aber als letzte Chance zum *Aufladen* irgendwelcher psychovegetativen *Batterien* oder gar als beides zusammen.[24] Viele der dargebotenen Erklärungen sind lang und kompliziert, teilweise mit unappetitlichen Details. Gleich zweimal treffe ich auf Leute, die soeben einen Angehörigen begraben haben – nach entsetzlich langer Leidenszeit und trotz intensiver Pflege bei ihnen zu Haus. Ein Blumengroßhändler mit einem MAR-LINS-T-Shirt erklärt, die Großkampfzeit zwischen Weihnachten und Valentinstag sei für seine geschundene Psyche

---

24 Ich kann mir denken, wie dieses *Relax*-Alibi entsteht und wie es mit dem im Katalog verheißenen Nichtstun zusammenhängt. Entscheidend, glaube ich, ist die tief sitzende Scham, die in unserer Gesellschaft jede Form des Müßiggangs begleitet. Daher die Notwendigkeit, das Nichtstun, den Müßiggang umzudeklarieren. In anderen Lebensbereichen verhält es sich übrigens ähnlich. Beispiele: Ich gehe nicht zur Massage einfach um einer Massage willen. Ich gehe, weil ich da diese alte Sportverletzung habe, die mich noch umbringt, wenn ich nicht – sozusagen *gezwungenermaßen* – zur Massage gehe. Und Raucher *wollen* nicht einfach eine Zigarette, sie *brauchen* eine.

nur auszuhalten gewesen, indem er sich selbst eine Erlösung in Form totaler Entspannung und Erneuerung in Aussicht gestellt habe. Drei Cops aus Newark, allesamt kürzlich pensioniert, hatten sich ehedem geschworen, eine Luxus-Kreuzfahrt zu unternehmen, falls sie zwanzig Dienstjahre überleben. Und ein Ehepaar aus Fort Lauderdale erzählt, ihre Freunde hätten sich schon über sie lustig gemacht, weil sie noch nie auf einer Kreuzfahrt gewesen seien, denn das wäre in etwa so wie ein New Yorker, der noch nie die Freiheitsstatue besucht hat.

Nebenbei: Nach eingehender Recherche ist es inzwischen amtlich. Ich bin definitiv der einzige erwachsene Passagier ohne Fotoausrüstung.

Und noch etwas: Unbemerkt hat die *Westerdam* ihre Nase aus dem Westfenster gefahren, ungehindert scheint jetzt eine brutale Sonne durch die verschmierte, wasserfleckige Glasfront. Der Hangar hat sich zur Hälfte geleert, Ruhe ist eingekehrt. In einem Schwung sind die Stückmengen 5 bis 7 aufgerufen. Zusammen mit der vereinigten Engler Corporation bewege ich mich in einem langen Treck Richtung Passkontrolle und der dahinter liegenden Gangway von Deck 3.[25] Hier findet auch die – persönli-

25 Wie auf allen anderen Megaschiffen hat sich auch auf der *Nadir* für die verschiedenen Decks bestimmte sinnträchtige Namen einfallen lassen, was auf der Kreuzfahrt jedoch eher Verwirrung stiftete, da die Decknummern nie genannt wurden. Bis zum Schluss konnte ich mir nicht merken, ob das *Fantasy Deck* nun

che – Begrüßung statt, und zwar nicht durch eine, sondern gleich zwei sehr arisch anmutende Hostessen der Abteilung *Hospitality*. Über pflaumenblauen, weichen Teppichboden geht es ins Innere der *Nadir*, jedenfalls vermute ich das mal, wo mich eine sauerstoff- und dezent raumduftangereicherte Klimaanlagen-Atmosphäre umfängt. Wer will, kann vom Schiffsfotografen[26] noch ein Bild machen

Deck 7 war oder 8. Deck 12 ist das *Sun Deck*, 11 das *Marina Deck*, Deck 10 habe ich vergessen, 9 ist das *Bahamas Deck*, 8 nennt sich *Fantasy Deck*, 7 *Galaxy* (oder auch umgekehrt), und Deck 6 habe ich nie herausgekriegt. Deck 5 ist das *Europa Deck* und so etwas wie das Kundenzentrum des Schiffs. Mit seiner hohen Decke gleicht es der riesigen Schalterhalle einer Bank, nur feiner. Dort befinden sich: *Guest Relations Desk, Purser's Desk, Hotel Manager's Desk*. Durchgehend in unaufgeregten Lachs- und Lemon-Tönen gehalten, mit viel Messing, dazu Pflanzenkübel und massive Ziersäulen, an denen das Wasser so dezent-diuretisch herabgluckert, dass man Lust bekommt, die nächste Toilette aufzusuchen. Auf Deck 4, genannt *Florida Deck*, sind ausschließlich Kabinen. Alle unter 4 sind Wirtschaftsdecks und haben keine Namen. Mit Ausnahme eines kleinen Abschnitts auf Deck 3, wo sich die Gangway befindet, haben Passagiere dort keinen Zutritt. Ich werde die Decks dennoch nur nach ihrer Nummer benennen, denn der Aufzug macht es genauso. Auf 7 und 8 liegen die verschiedenen Restaurants, Discos und der gesamte Entertainment-Bereich. Auf Deck 11 sind die Pools und ein Café untergebracht, Deck 12 ist den Sonnenanbetern vorbehalten.

26 (ein zutiefst alberner und überflüssiger Job auf dieser 7NC-Fotosafari)

lassen, das später, gegen Ende der Reise, zu einer Art Vor-her-nachher-Andenken-Karte vervollständigt wird und extra kostet. Hier begegnet mir auch zum ersten Mal eines dieser Schilder VORSICHT STUFE, von denen es an Bord unzählige gibt, denn der Deckboden eines Luxus-liners ist eher eine Hindernisstrecke und ändert alle paar Meter sein Niveau, sodass es überall etwa 20 Zentimeter hohe Stufen zu bewältigen gilt. Aber das Gefühl, wenn die Air-Condition-Kühle den Schweiß trocknet, ist angenehm und lässt mich in den plüschig-engen Korridoren, durch die ich geleitet werde, schnell vergessen, wie laut glührot angelaufene Babys plärren können. Eine der beiden *Hospitality*-Hostessen trägt offenbar einen orthopädischen Schuh, jedenfalls zieht sie den rechten Fuß leicht nach, ein Detail, das mich in diesem Moment tief berührt.

Schier endlos ist der Weg, den die *Hospitality*-Hostessen Inga und Geli mit mir zurücklegen. Es geht hinauf und hinab, vor und zurück, durch Schotts und enge Gänge, alle mit Handläufen versehen und dabei so niedrig, dass ich die kleinen runden Lautsprecher in der beige lackierten Decke mit dem Ellbogen berühren kann. Und während von oben gefälliger Jazz auf mich herabrieselt, verändert sich auch die quälende, während der dreistündigen Wartezeit so ausgiebig erörterte Frage nach dem Grund dieser Reise insofern, als sie von der Bord-Realität glatt übergangen wird. Denn hieß es bisher «Und warum sind *Sie* hier?», so trifft man jetzt an jeder Ecke auf einen Lageplan mit einem lustigen roten Punkt, der sagt SIE SIND HIER. Weitere Fragen erübrigen sich. Vorbei die Zeit der langen Erklärungen, der Zweifel und des schlechten Gewissens, denn diese werden am Empfang abgegeben. Von nun an agieren die Profis.

Der Aufzug ist ganz aus Glas und gleitet geräuschlos in die Höhe, und die Hostessen lächeln hold, schauen unverbindlich lieb und duften in der gekühlten Zelle um die Wette.

Als wir an der teakverkleideten Shopping-Zeile des Schiffs vorbeikommen (das Übliche: Gucci, Waterford, Wedgewood, Rolex und Raymond Weil) knistert durch die Jazzmusik ein dreisprachiges *Welcome* und Willkommen an Bord, versehen mit der Ankündigung, dass eine Stunde nach Ablegen eine für alle verbindliche Evakuierungsübung stattfindet.

Um 15:15 Uhr bin ich in Kabine 1009 der *Nadir* fest implementiert und mache mich erst mal über den Gratis-Obstkorb her. Dann lege ich mich auf das wirklich sehr bequeme Bett und trommle mit den Fingern auf meinem anschwellenden Bauch herum.

6

Um 16:30 Uhr legt die *Nadir* ab, ein hübsches Schauspiel mit flatternden Kreppgirlanden und Sirenengetute. Jedes Deck verfügt über eine eigene Promenade mit einer Reling aus irgendeinem hochwertigen Hartholz. Der Himmel hat sich bezogen, und das Meer unten schäumt und gibt farblich wenig her usw. Es riecht eigentlich weniger nach Fisch oder Meer als einfach nur nach Salz. Unser Signalhorn blökt noch um einiges lauter als das der *Westerdam*. Die meisten Leute, die uns zuwinken, tun dies von der Reling anderer 7NC-Megaschiffe aus, die ebenfalls in diesem Moment in See stechen – eine beinahe surreale Szene, denn die Vorstellung liegt nahe, dass es endlos so weitergehen könnte und wir uns die ganze Zeit in der Westkaribik von Schiff zu Schiff zuwinken werden. An- und Ablegen sind praktisch die einzigen Gelegenheiten, an denen der Kapitän persönlich das Schiff steuert. Kapitän G. Panagiotakis hat die *Nadir* unterdessen gegen die offene See gedreht, und wir, groß, weiß und sauber, nehmen Fahrt auf.

7

Während der ersten beiden Tage herrscht schlechtes Wetter mit Sturmböen, schwerer See und Gischt,[27] die gegen das Bullauge meiner Kabine peitscht usw. Mehr als vierzig Stunden lang habe ich den Eindruck, ich hätte einen Nordsee-Törn gebucht. Das Celebrity-Personal reagiert mitfühlend-bedauernd, doch in keiner Weise so, als sei hier eine Entschuldigung fällig.[28] Was okay ist, denn man kann Celebrity Cruises fairerweise nicht für das Wetter haftbar machen.[29]

An Sturmtagen wie diesen rät man den Passagieren, die Aussicht aufs Meer von der Leeseite aus zu genießen. Dem einen Gleichgesinnten, der sich wie ich auf die Luvseite wagt, bläst es prompt die Brille weg. Auf meine Empfehlung, bei starkem Wind nur Brillen mit Sportbügeln zu tragen, reagiert er eher ungnädig. Die Erwartung, Matrosen im traditionellen gelben Ölzeug zu sehen, erfüllt sich

---

27 Das schönste neue Wort, das ich in dieser Woche gelernt habe: *Gischt*. Das zweitschönste ist *Scheißer*, geäußert von einem deutschen Rentner, der gegen einen anderen deutschen Rentner wiederholt beim Dart verlor.

28 (Der begleitende Gesichtsausdruck war so etwas wie ein mimisches Achselzucken: Ist eben Schicksal.)

29 (Obwohl ich ja doch sagen muss: Im Katalog sah das Wetter wesentlich besser aus.)

David Foster Wallace

übrigens nicht. Mein Lieblings-Ausguck ist auf Deck 10, also schon ganz schön weit oben, sodass die gegen die Bordwand krachenden Brecher im allgemeinen Meeresrauschen untergehen. Optisch erinnert das Ganze an die Wasserspülung im Klo. Keine Rückenflosse weit und breit.

Bei Sturm haben Hypochonder generell gut zu tun, denn etwa alle fünf Sekunden augurieren sie aus ihren Eingeweiden zumindest erste Anzeichen einer beginnenden Seekrankheit oder bestimmen, je nach dem, deren aktuellen Schweregrad. In puncto Nausea verhält es sich jedoch wie vor der ersten Schlacht: Niemand vermag vorherzusagen, wie man genau reagieren wird, es ist eine Probe auf tiefenschichtliche Abläufe. Ich persönlich bleibe von Seekrankheit verschont, was ein halbes Wunder ist, wenn man bedenkt, dass ich so ziemlich unter jeder anderen Form Reisekrankheit leide, die in den einschlägigen Medikamentenführern überhaupt erwähnt wird, ohne dass ich irgendetwas dagegen einnehmen könnte.[30] Ein Rätsel war mir am ersten Tag des Sturms, warum jeder zweite Passagier sich beim Rasieren an derselben Stelle unterhalb des linken Ohrs geschnitten hatte (die Frauen übrigens auch). Bis sich herausstellte: Die kleinen runden Klebedinger waren Wirkstoff-Pflaster, ohne die kein richtiger Kreuzfahrer je an Bord eines 7NC-Luxusliner gehen würde.

30 Dramamine, das Mittel der Wahl, haut mich regelrecht um und kann sogar Krampfanfälle auslösen, sodass ich auf der *Nadir* vollkommen schutzlos bin.

Pflaster hin oder her, einem Großteil der Gäste war an diesen beiden Tagen sterbenselend. Was mich überraschte, war lediglich, dass der seekranke Mensch tatsächlich grün anläuft, obwohl es eher ein gespenstisches Grün ist, ein blässliches, hässliches Krötenschlucker-Grün, welches dem seekranken Menschen insbesondere in Kombination mit großer Abendgarderobe leicht etwas Leichenhaftes verleiht.

Seekrankheit war folglich auch das alles beherrschende Thema an Tisch 64 in unserem Fünf-Sterne-Caravelle-Restaurant[31] – wer sie hat und wer nicht, und wer sie zwar gehabt hat, aber jetzt darüber hinweg ist oder zumindest beschwerdefrei, doch ihre Wiederkehr befürchtet. Gemeinsames Leid oder die Angst davor ist ein hervorragender Eisbrecher. Die Menschen rücken zusammen, und das ist wichtig, denn während der gesamten 7NC isst man ständig am selben Tisch mit denselben Leuten zusammen.[32] Jedenfalls waren Gespräche über Übelkeit und Erbrechen in diesem Gourmet-Tempel überhaupt kein Tabu.

31 Dieses befindet sich auf Deck 7 und wird niemals einfach «Caravelle Restaurant» (oder gar nur «Restaurant») genannt, sondern immer mit seinem vollen Namen, das «Fünf-Sterne-Caravelle-Restaurant».

32 An Tisch 64 saßen noch sieben weitere Leute, allesamt aus Südflorida, genauer gesagt aus Miami, Tamarac und Fort Lauderdale. Vier davon kannten sich bereits privat und hatten den Wunsch geäußert, am selben Tisch platziert zu werden. Die rest-

lichen drei waren ein altes Ehepaar samt achtzehnjähriger Enkelin mit Namen Mona.

Ich war der einzige Kreuzfahrt-Neuling an Tisch 64 und auch der Einzige, der nie von «Dinner» sprach, sondern immer nur von «Abendbrot», eine Angewohnheit aus der Kindheit, von der ich nicht lassen wollte.

Mit Ausnahme dieser Mona waren mir meine Tischgenossen allesamt sympathisch, und ich möchte in dieser Fußnote kurz auf unsere Mahlzeiten eingehen, wobei ich mich bei Personenbeschreibungen jedoch auf das Nötigste beschränke, um niemandes Gefühle zu verletzen. Auffällig an Tisch 64 war zunächst einmal, dass alle diesen unverkennbaren New Yorker Akzent hatten, und das, obwohl sie heilige Eide schworen, in Südflorida geboren und aufgewachsen zu sein. (Indes zeigte sich, dass ihre Eltern einst New Yorker gewesen waren, was wieder einmal beweist, wie tief dieser Dialekt sitzen kann.) Außer mir saßen also fünf Frauen und zwei Männer mit am Tisch. Die Männer hielten meistenteils den Mund, es sei denn, es ging um Golf, Business, Pflaster gegen Übelkeit und Erbrechen und Zollbestimmungen und wie sie sich umgehen ließen. Die eigentliche Unterhaltung an Tisch 64 war Frauensache. Und ein Grund, warum ich die Damen (außer Mona) so sehr schätzte, war, dass sie laut und bereitwillig über meine Witze lachten, sogar über die schwachen. Ihre Lachsalven hingegen waren Furcht erregend, denn sie begannen immer mit einem regelrechten Aufschrei, sodass ich im ersten Moment nie wusste, ob dies nur die Einleitung zu einem Heiterkeitsschub war oder ob sie hinter mir in der Tiefe des 5*C. R. gerade eine grausige Entdeckung gemacht hatten. Bis zum Schluss kam ich damit nicht klar. Und wie so viele 7NC-Passagiere verfügten auch sie über einen schier unglaublichen Vorrat an Anekdoten und sketchartigen Witzen, die sie mit vollem Körpereinsatz, schauspielerischem Gespür und bestem Timing zu präsentieren wussten.

Die Netteste am Tisch war Trudy, deren Mann aufgrund einiger unvorhergesehener Schwierigkeiten in ihrem Handy-Geschäft zu Hause bleiben musste und sein Ticket auf Tochter Alice übertragen hatte, eine etwas füllige, aber stets apart gekleidete Studentin aus Miami, die gerade Semesterferien hatte und aus irgendeinem Grund mir gegenüber ständig durchblicken ließ, dass sie einen festen Freund hatte. Der Freund hieß Patrick. Alices Beitrag zu unseren Tischgesprächen bestand in Bemerkungen wie «Ach, du magst keinen Fenchel? So ein Zufall, mein Freund (Patrick) kann Fenchel ebenfalls nicht ausstehen!» Oder «Wie, du bist aus Illinois? So ein Zufall, mein Freund (Patrick) hatte eine Tante und der ihr erster Mann war aus Indiana, das liegt gleich neben Illinois.» Oder «Wie, du hast zwei Hände und zwei Füße? So ein Zufall ...» Dass Alice ihre Beziehungskiste derart penetrant vor sich hertrug, mag eine reine Verteidigungsmaßnahme gewesen sein – gegen Mutter Trudy, die mir, in Alices Gegenwart, immer wieder ateliergefertigte 10×15-Hochglanzfotos ihrer Tochter zeigte und schon bei dem Wort Patrick unwillkürlich einen Eckzahn bleckte. Trudy war 56, also genauso alt wie meine eigene Mutter und sah aus wie – und ich meine das keineswegs abfällig – sie sah aus wie das Sechzigerjahre-Sitcom-Schwergewicht Jackie Gleason im Fummel. Bei ihrem Auftakt-Schrei stockte mir zwar regelmäßig das Herz, aber ihr verdanke ich sowohl die Conga-Polonaise an jenem denkwürdigen Mittwochabend als auch mein Snowball-Jackpot-Bingo-Fieber. Sie war – auf ihrer sechsten 7NC in zehn Jahren – eine echte Autorität in Sachen Kreuzfahrt, ebenso wie ihre Freundin Esther (die etwas verhärmte Sprecherin des Rentnerehepaars aus Miami). Sie beide wussten jede Menge Horrorgeschichten zu erzählen, über Carnival Princess, Crystal und Cunard, Geschichten, bei deren Wiederholung ich mir sogleich eine Unterlassungsklage einhandeln würde, außerdem einen richtigen Gruselschocker über die wohl schlechteste Kreuzfahrtlinie aller Zeiten, eine gewisse «American Family Cruises», die nach nur sechzehn Monaten nicht ohne Grund in die Pleite geschippert war, so haarsträubend müssen die Zustände an Bord gewesen sein und buchstäblich unglaublich, wenn ein weniger erfahrenes und kritisches Duo sie erzählt hätten. Aber richtig *glauben* können solche Geschichten sowieso nur Experten mit jahrelanger Erfahrung wie Trudy und Esther.

Im Übrigen habe ich noch nie jemanden erlebt, der Menü und Service einer derart gnadenlosen Beurteilung unterzog wie die beiden. Rein gar nichts entging der Aufmerksamkeit von Trudy und Esther, weder die Anordnung der Petersiliensträußchen auf den Babykarotten noch die Konsistenz des Brots noch Geschmack und Kaufreundlichkeit der diversen Fleischgerichte noch Fixigkeit und Flambiertechnik der Patisserie-Jungs, die jedes Mal mit ihren Kochmützen am Tisch erschienen (ein Großteil der Desserts im 5*C.R. musste nämlich in Brand gesetzt werden). Und so weiter und so weiter. Und während Kellner und Commis in Reichweite ständig aufs Neue fragen musste: «Fertig? Darf ich abräumen?», erhoben sich zwischen Esther und Trudy Gespräche wie dieses:

«Honey, was ist los mit dir? Waren die Meeresschnecken nicht gut?»

«Doch, schon. Alles in Ordnung. Kein Problem.»

«Ach, erzähl mir doch nichts. Du machst so ein Gesicht, da weiß ich sofort: Irgendetwas stimmt nicht. Hab ich nicht Recht, Frank? Mit einem Gesicht wie Trudy, da kann man gar nicht lügen. Was war es denn, die Kartoffeln oder die Meeresschnecken? Die Meeresschnecken, stimmt's, es sind die Meeresschnecken?»

«Esther, ich sag dir doch, es ist alles in Ordnung.»

«Das sieht mir aber nicht danach aus.»

«Okay, es *sind* die Meeresschnecken.»

«Hab ich's dir nicht gleich gesagt? Frank, *habe* ich es ihr gesagt oder nicht?»

[Frank pult derweil mit dem kleinen Finger im Ohr.]

«Siehst du, ich hatte mal wieder Recht. Weil man dir eben sofort ansieht, wenn irgendetwas nicht in Ordnung ist.»

«Na ja, die Kartoffeln sind ja in Ordnung. Nur die Meeresschnecken nicht.»

«Hab ich dir nicht gleich gesagt, dass man mit Saisonfischen vorsichtig sein soll, gerade auf einem Schiff? *Hab* ich's gesagt oder nicht?!»

«Aber die Kartoffeln sind einwandfrei.»

Mona ist achtzehn. Seit ihrem fünften Lebensjahr nehmen sie ihre Großeltern jedes Frühjahr mit auf Kreuzfahrt. Mona verschläft regelmäßig Frühstück und Mittagessen, denn sie haut sich in der Skorpio Disco und an den Einarmigen Banditen im Casino die Nächte um die Ohren. Sie ist mindestens einsfünfundachtzig. Im Herbst wechselt sie zur Penn State University – aus dem einzigen Grund, weil abgemacht war, dass sie einen allradgetriebenen Wagen bekommt, wenn sie einmal in eine Gegend mit einer gewissen Schnee-Wahrscheinlichkeit zieht. Sie schämte sich nicht einmal, als sie mir den tieferen Sinn hinter ihrer Uni-Wahl erklärte. Sie war ein ungeheuer anspruchsvoller Passagier, doch ihrer Kritik fehlte das Augenmaß von Trudy und Esther, sie klang am Ende nur patzig. Mona sah äußerlich irgendwie seltsam aus: ein Body wie von Brigitte Nielsen oder einem dieser Anabol-Models, aber gekrönt von einem kleinen, blassen unglücklichverwöhnten Puppengesichtchen mit fisseligen Goldhaaren. Ihre Großeltern, die nach dem Abendessen normalerweise sofort ins Bett gingen, machten jedes Mal eine kleine Schau um die hundert Dollar, die sie ihr nach dem Nachtisch überreichten – als «Spielgeld», wie sie sagten. Diese Hundertdollarnote steckte immer in einem offiziellen Bankumschlag – mit einem Benjamin Franklin, der einem aus dem bullaugenartigen Fensterchen entgegenstarrte. Und stets hatten sie mit rotem Magic Marker auf den Umschlag geschrieben: «*We Love You, Honey.*» Mona bedankte sich kein einziges Mal, sondern verdrehte nur genervt die

Augen. Über so gut wie alles, was ihre Großeltern sagten, verdrehte sie die Augen, eine Unart, die mich nach einiger Zeit ziemlich in Harnisch brachte.

Anders als bei Trudy und Alice oder Esther mit ihrem stumm lächelnden Mann Frank sehe ich bei Mona nicht ein, warum ich allzu große Rücksicht auf sie nehmen sollte.

Ihre Spezialität auf diesen Reisen besteht offenbar darin, dem Kellner weiszumachen, sie hätte am Donnerstag auf See Geburtstag, woraufhin das 5*-Caravelle-Team natürlich das große Festprogramm abspulte, mit Fähnchen, einem heliumgefüllten Herz-Ballon an ihrem Stuhl, einer großen Geburtstagstorte und einem Ständchen von der ganzen Belegschaft. Dabei, so versichert mir Mona am Montag, sei ihr Geburtstag erst am 29. Juli, und als ich anmerke, der 29. Juli sei auch der Geburtstag von Benito Mussolini, wirft mir Monas Großmutter einen giftigen Blick zu. Mona selbst hingegen ist geschmeichelt, vermutlich weil sie Mussolini mit Maserati verwechselt. Dummerweise hat aber am besagten Donnerstag, dem 16. März, jemand anders am Tisch tatsächlich Geburtstag, nämlich Trudys Tochter Alice. Doch weil Mona nicht bereit ist, ihren falschen Geburtstagsanspruch aufzugeben und stattdessen vorschlägt, gemeinsam zu feiern, angeblich, weil dies besonders «cool» sei, wünscht Alice ihr die Krätze an den Hals. Bereits am Abend des 14. März (Dienstag) haben Alice und ich eine Anti-Mona-Allianz geschmiedet, und wir amüsieren uns über den Tisch hinweg mit kleinen Gesten (Erwürgen, Erstechen), sobald Mona auch nur den Mund aufmacht. Alice («So ein Zufall ...») hat mir verraten, dass sie diese Gesten bei verschiedenen grausam steifen Festbanketten von ihrem festen Freund Patrick gelernt habe. Dieser Patrick isst offenbar ausschließlich mit Leuten, die er nicht ausstehen kann.

Zwar wird man bei schwerem Seegang in einem 7NC-Megaship nicht wild hin und her geschleudert, und auch Suppenteller rutschen nicht unkontrolliert über den Tisch. Und doch merkt man auf Schritt und Tritt, dass einem der Boden unter den Füßen nicht denselben Halt gewährt wie festes Land. Ein unwirkliches Gefühl ist das, ein Boden wie in 3-D, der erhöhte Aufmerksamkeit erfordert. Ähnlich wie das Maschinengeräusch praktisch nicht zu hören und doch ständig gegenwärtig ist. Vor allem im Stehen ist es körperlich spürbar – als dumpfer, seltsam beruhigender Herzschlag.

Herumlaufen auf so einem Schiff ist bei Sturm ebenfalls ein surreales Erlebnis. Dauernd gerät irgendetwas aus dem Lot. Kommen die Wellen von vorn, wippt das Schiff über seine Querachse. Diesen Vorgang nennt man *Stampfen*. Subjektiv hat man den Eindruck, als ginge es erst leicht bergab, dann ein Weilchen einfach geradeaus, schließlich wieder leicht bergauf. Doch irgendein entwicklungsgeschichtlich uralter Abschnitt unseres ZNS, Vermächtnis aus Reptilienzeiten, muss dafür verantwortlich sein, dass wir diese Bewegung kaum realisieren, sondern gehen wie im Traum.

Beim *Rollen* dagegen treffen die Wellen seitlich auf das Schiff und führen zu einer Schaukelbewegung auf der Längsachse.[33] Wenn die *Nadir* rollt, wird unversehens ein

---

33 (Auch diese Bewegung ist bei einem Megaschiff derart schwach, dass kein Kronleuchter anfängt zu klingeln oder Gegen-

Bein stärker belastet als das andere, bis sich, nach einer Phase der Ausgeglichenheit, die Bewegungsrichtung ändert und die Muskeln des bisher unbeanspruchten Beins stärker belastet werden. Das Rollen vollzieht sich mit der Geschwindigkeit eines sehr schweren Pendels, die man fast nicht wahrnimmt, wenn man nicht alle inneren Sensoren darauf einstellt.

Das Rollen an sich ist also im Allgemeinen halb so schlimm, doch wird die *Nadir* ab und zu von einem Brecher der *Höllenfahrt-der-Poseidon*-Dimension erwischt. Dann nimmt die einseitige Belastung eines Beins so weit zu, wird der ersehnte Lastwechsel gleichzeitig so unwahrscheinlich, dass man nach allem greift, was irgendwie erreichbar ist, nur um nicht umzufallen.[34] Das alles geschieht sehr schnell und nie zweimal hintereinander. Der erste Abend bietet wellenmäßig einige heftige Angriffe von Steuerbord, sodass später im Casino kaum festzustellen ist,

stände zu Boden fallen. Nur eine nicht ganz präzise eingebaute Schublade im Schrankmodul von Kabine 1009 wackelte dauernd in ihrer Führungsschiene – egal, wie viele Kleenex ich an strategischen Punkten unterschob.)

34 Die Entscheidung, sich irgendwo festzuhalten, fällt in einem ähnlich heiklen Moment, in dem auch aus einem einfachen Juckreiz in der Nase ein Niesen wird, das heißt, eine Weile steht es durchaus auf Messers Schneide, ob sich der Mensch seinen übermächtigen Reflexen überlässt. (Die Analogie erscheint vielleicht etwas schräg, wird aber u. a. von Trudy bestätigt.)

wer übermäßig dem 71er Richebourg zugesprochen hat oder lediglich seegangsbedingt durch den Saal torkelt. Bedenkt man dazu, dass die meisten Frauen Stöckelschuhe tragen, wird die Einzigartigkeit der Szene vielleicht deutlicher: Mehr Wanken/Schwanken und hilfloses In-der-Luft-Rudern war nie. Da die *Nadir* hauptsächlich von Pärchen frequentiert wird, klammert man sich aneinander wie in jungen Jahren an die erste College-Liebe. Man sieht den Leuten an, dass ihnen das gefällt. Die Frauen hängen sich den Männern an den Hals, und die Männer gewinnen im Gegenzug an Statur. Sie dürfen einen auf Beschützer machen und kommen sich toll vor. Immer wieder bietet eine 7NC-Luxus-Kreuzfahrt diese unerwartet romantischen Momente, was mit ein Grund sein dürfte, warum sie gerade von älteren Menschen so geschätzt werden.

Darüber hinaus ist schweres Wetter auf See eine ideale Einschlafhilfe. An den ersten beiden Morgen sieht man kaum jemanden beim ersten Frühstück. Alles schläft. Leute mit therapieresistenten Schlafstörungen berichten von neun-, sogar zehnstündigen Tiefschlaf-Phasen, und ihre Augen leuchten kindlich ob so viel Glück. Wer viel schläft, sieht einfach jünger aus. Auch tagsüber wird hemmungslos geratzt. Nach einer Woche mit den unterschiedlichsten Wetterlagen war mir klar, was es mit Sturm und erholsamem Schlummer auf sich hat: Die Wellen wiegen einen in den Schlaf. Geborgen hinter gischtgepeitschten Kabinenfenstern, fühlt man den fernen Rhythmus der Schiffsmaschinen wie den Herzschlag einer Mutter.

8

Sagte ich eigentlich schon, dass der bekannte Schriftsteller und *Iowa-Writers-Workshop*-Vorstand Frank Conroy im Katalog von Celebrity eine Art Erfahrungsbericht geschrieben hat? Doch, hat er. Conroy reiste mit Familie, und die erste Szene versetzt uns wieder an die Gangway von Pier 21.[35]

> Mit einem einzigen kleinen Schritt betraten wir eine neue Welt, einen Gegenentwurf zur Wirklichkeit an Land. Ein Lächeln, ein Handschlag, und schon werden wir von der netten jungen Frau von *Guest Relations* zu unserer Kabine begleitet.

Später an der Reling, die *Nadir* läuft soeben aus:

> … merkten wir auf einmal, dass sich das Schiff bewegte. Nichts hatte uns darauf vorbereitet, kein zitterndes Deck, kein Stampfen der Maschinen. Es war, als zöge sich wie von Zauberhand das Land zurück, einem endlos langen Rückzoom im Film gleich.

35 Conroy war im Mai 1994 auf der *Nadir* und hat das gleiche 7NC-Programm absolviert wie ich, allerdings kostenlos. Ich weiß das, weil ich mit Conroy telefoniert habe, der kein Hehl aus seinem Arrangement mit Celebrity machte und mir selbst indiskrete Fragen freundlich und mit großer Offenheit beantwortete.

Und in diesem Stil geht es weiter in Conroys «Meine Celebrity-Kreuzfahrt oder: *Ich und du und ein Schiff dazu*».
Die tiefere Bedeutung des Essays ging mir jedoch erst bei erneuter Lektüre auf, im Liegestuhl auf Deck 12, an unserem ersten Sonnentag. Nein wirklich, das Ganze ist nicht ohne Eleganz und Leichtigkeit geschrieben, formschön sozusagen und mit dem vollen Verwöhn-Aroma. Und doch, behaupte ich mal, ist es zugleich ein zutiefst sinistres, verstörendes, geradezu übles Werk. Das Üble darin besteht nicht so sehr in der ostinaten Beschwörung einer anderen, phantastischen Wirklichkeit und der palliativen Wirkung totaler Betüddelung –

Nach zwei Monaten intensiver und nicht ganz stressfreier Arbeit befand ich mich plötzlich auf diesem Schiff, und alles schien nunmehr wie eine ferne Erinnerung.

Mit Erstaunen stellte ich fest, dass ich seit einer Woche keinen Teller mehr abgewaschen hatte, dass ich weder gekocht noch im Supermarkt eingekauft noch sonst etwas getan hatte, was auch nur ein Minimum an Mühe verlangte. Die schwerste Entscheidung, die ich zu fällen hatte, war, ob ich mir im Bordkino *Mrs. Doubtfire* anschauen oder lieber Bingo spielen sollte.

– das Übel besteht auch nicht in der inflationären Verwendung schönfärberischer Adjektive oder in der Zurschaustellung naiver Begeisterung:

Denn alles, was wir uns jemals erträumt oder erhofft hatten, wurde, um es vorsichtig auszudrücken, weit übertroffen.

Und was den Service angeht, so ist man bei Celebrity Cruises willens und in der Lage, selbst das Unmögliche zu leisten.

Strahlender Sonnenschein, warme, samtweiche Luft und das glitzernde Grünblau der Karibik unter der Lapislazuli-Kuppel des Himmels ...

Die Ausbildung dieser Leute muss rigoros gewesen sein, denn ich muss gestehen, der Service ließ wirklich keine Wünsche offen. Angefangen beim Kabinensteward bis hin zum Sommelier, vom Kellner bis zum Guest-Relations-Manager, vom einfachen Matrosen, der seine Arbeit unterbricht, um dir einen Liegestuhl zu holen, bis zum Maat, der dir den Weg zur Bibliothek zeigt: Ein professionellerer und kultivierterer Umgang mit den Passagieren ist einfach nicht denkbar, und ich möchte bezweifeln, dass es auf dieser Welt allzu viele Linien gibt, die diesen Standard auch nur annähernd erreichen.

Nein, das Übel dieses Essays beruht auf der Art, wie er, im Einklang mit der allgemeinen «*Sale-to-sail*»-Werbestrategie von Celebrity, nicht nur die Wahrnehmung des Gastes steuert, sondern auch Interpretation sowie Artikulation dieser Wahrnehmung. Anders ausgedrückt, die PR-Leute von Celebrity schnappen sich einen der angesehensten Schriftsteller des Landes, und der *schreibt vor*, worin für das Fußvolk der Kreuzfahrt jene so genannte *7NC-Experience* bestehen soll. Und er tut das so sprachmächtig und zwingend, dass dem Laien die Worte wegbleiben. Zweifel sind angebracht, ob es auf dieser Welt allzu viele Laien gibt, die diesen Standard an Beobachtungsgabe und Artikulationsfähigkeit auch nur annähernd erreichen.[36]

Das Hauptübel des Projekts «Meine Celebrity-Kreuzfahrt» ist seine Scheinheiligkeit. Wie dreist hier Product-Placement betrieben wird, zersetzt jede literarische Seriosität und übertrifft in dieser Hinsicht alles, was man in den vergangenen Jahren erleben musste. Conroys «Essay» erscheint in einer Art Sonderteil in der Mitte des Hefts, auf dünnerem Papier und mit einem anderen Layout, und erweckt dadurch den Eindruck eines Auszugs aus einem eigenständigen literarischen Werk. Doch das ist keineswegs der Fall. Tatsächlich handelt es sich um eine reine Auftragsarbeit, bezahlt von Celebrity, nur wird das nir-

---

36 Ich nehme mich da selber nicht aus. Sooft ich nach Lektüre von Conroys Essay den Himmel anschaute, fiel mir nur eines dazu ein: «Lapislazuli-Kuppel».

David Foster Wallace **67**

gendwo erwähnt.[37] Wann immer irgendwelche Promis im Fernsehehen ihren Namen und ihr Gesicht für Infomercials hergeben, erscheint wenigstens das Wort «Dauerwerbesendung» am Bildrand. Nicht so hier. Der Celebrity-Katalog präsentiert uns das typische Autorenfoto (mit einem versonnenen Frank Conroy im Rollkragenpullover), eine Kurzbiographie sowie eine Liste der Conroy-Klassiker, darunter das 1967 erschienene *Stop-Time*, das meiner unmaßgeblichen Meinung nach zu den besten literarischen Memoiren des zwanzigsten Jahrhunderts zählt – und zu den Büchern, die seinerzeit mit schuld daran waren, dass ich selber Schriftsteller werden wollte.

Kurz, Celebrity Cruises verkauft uns Conroys Reisebericht als Essay und nicht als Werbung. Dies jedoch ist

37 Der Erklärungs- und Rechtfertigungsschwurbel der Wartenden auf Pier 21 machte mir Mut, mein investigatives Glück abermals zu versuchen und telefonisch zu recherchieren, wie Conroys Werbeessay eigentlich zustande gekommen war. Am Ende durfte ich zwischen zwei Versionen wählen.

Version 1 ist die der Celebrity-Pressesprecherin Ms. Wiessen und kam zwei Tage nach meiner Anfrage. (Im Prinzip dasselbe Spiel wie in einer Pressekonferenz, wenn der Befragte erst einmal die Hand aufs Mikrofon legt, um mit seinem Berater die Antwort abzusprechen.) Die Antwort: «Celebrity ist ein Artikel aufgefallen, den Mr. Conroy für das Reisemagazin *Travel and Leisure* geschrieben hat. Celebrity war sehr beeindruckt von der Art, wie es Mr. Conroy gelungen ist, Stimmungsbilder zu kreieren, die wie innere Postkarten im Gedächtnis haften bleiben. Aus diesem Grund wurde Mr. Conroy gebeten, seine Kreuzfahrt-Eindrücke

von Übel. Warum? Weil ein Essay, unabhängig von der darin zum Ausdruck gebrachten Wertung des Celebrity-Produkts, eben zuallererst dem Leser verpflichtet ist und nicht dem Auftraggeber. Und ob er sich dessen bewusst ist oder nicht, der Leser verlässt sich auf diese Selbstverpflichtung des Autors und begegnet dem Essay mit einem hohen Grad an Vertrauen. Werbung funktioniert dagegen völlig anders. Werbung hat sich, was ihren Wahrheitsgehalt angeht, nur an bestimmte formaljuristische und mit etwas rhetorischem Geschick leicht zu umgehende Regeln zu halten – und kennt darüber hinaus nur ein einziges Ziel: Umsatzsteigerung. Ganz gleich, was die Werbung zur Ergötzung des Lesers alles inszeniert, es geschieht nie zu dessen Nutzen. Und der Leser weiß das natürlich, er weiß,

niederzuschreiben – und zwar ausdrücklich für ein Publikum ohne Kreuzfahrterfahrung. Natürlich hat Mr. Conroy für seinen Artikel ein Honorar erhalten, doch lag das Risiko zunächst einmal bei Celebrity Cruises, da Mr. Conroy selber noch nie auf einer Kreuzfahrt war und das Honorar unabhängig davon gezahlt wurde, ob Mr. Conroy die Reise gefiel und auch unabhängig davon, ob Celebrity Cruises inhaltlich mit seinem Artikel einverstanden war, obwohl ... [kurzes Kichern] ... obwohl man später inhaltlich natürlich voll einverstanden war. Zusammenfassend kann gesagt werden: Mr. Conroy hat hervorragende Arbeit geleistet, und der Artikel gibt in Bezug auf die geschilderten Reiseerlebnisse ausschließlich Mr. Conroys Meinung wieder.»

Version 2 ist die von Frank Conroy und lautet – nach einem Seufzer, wie man ihn von müden Geständigen kennt: «Ich habe mich wohl prostituiert.»

dass der Unterhaltungswert von Werbung einem Geschäftskalkül folgt und wird ihr entsprechend mit Vorsicht begegnen. Wir alle nehmen Werbung gewissermaßen nur gefiltert wahr.[38]

Im Fall des Conroy-«Essays» setzt Celebrity Cruises[39] alles daran, diesen Filter durch den Kunstanspruch des Textes zu deaktivieren. Doch Werbung, die vorgibt, Kunst zu sein, gleicht im günstigsten Fall dem gewinnenden Lächeln dessen, der etwas von einem will. Das ist nicht nur unaufrichtig, die dubiose Ausstrahlung solcher Erzeugnisse kann sich in uns anreichern wie ein Umweltgift. Die aus Berechnung unternommene Simulation zweckfreier Freundlichkeit bringt langfristig alle unsere Maßstäbe durcheinander und führt dazu, dass irgendwann auch das echte Lächeln, die genuine Kunst, die wahre Freundlichkeit unter Kommerzverdacht stehen. Andauernder Vertrauensbruch macht ratlos und einsam, hilflos und wütend und ängstlich. Er ist die Ursache von Verzweiflung.[40]

38 Aus diesem Grund wird selbst wirklich schöne, intelligente oder mitreißende Werbung (und die gibt es) niemals echte Kunst sein können. Ihr fehlt nämlich der Geschenkcharakter (d.h. sie wurde nie *für* ihre Adressaten gemacht).

39 (bedauerlicherweise mit aktiver Beihilfe von Professor Conroy)

40 Verzweiflung kann einen auch bei einem weiteren Alltagsphänomen überkommen, nämlich bei dem so genannten *Professional Smile*, dem mittlerweile pandemischen Service-Lächeln

Für 7NC-Konsumenten wie mich enthält Conroys Werbeessay jedenfalls eine tiefe, wenngleich völlig unbeabsichtigte Wahrheit. Im Lauf der Woche sah ich darin immer mehr eine Satire auf die Realität des normalen Kreuzfahrt-Tourismus. Der Essay ist gediegen und beeindruckt durch seine Kraft, mehr ist für Geld nicht zu haben. Er

im amerikanischen Dienstleistungssektor. Nirgendwo sonst bin ich öfter in den Genuss dieses Lächeln gekommen als auf der *Nadir*. Der Empfangschef, der Chief-Steward, die Lakaien des Hotel-Managers, der Cruise Director – alle knipsen sie bei meinem Anblick ihr *Professional Smile* an. Dasselbe an Land in Banken, Restaurants, am Schalter der Fluggesellschaft usw. Jeder kennt dieses Lächeln, es gleicht einer Art Verspannung der unteren Gesichtsmuskulatur bei gleichzeitiger unzureichender Beteiligung der Augenpartie und bedeutet nichts weiter als den Versuch, durch Sympathiekundgebung die eigenen Interessen zu fördern. Warum zwingen Arbeitgeber und Vorgesetzte ihre Untergebenen nur zu diesem Theater? Bin ich eigentlich der Einzige, den dieser Dauerbeschuss der guten Laune allmählich in die Verzweiflung treibt? Ist außer mir noch nie jemand auf die Idee gekommen, dass die zunehmende Zahl von vorher völlig unauffälligen Leuten, die in Shopping-Malls, Versicherungsbüros, Medizinzentren und McDonald's-Filialen mit automatischen Waffen plötzlich um sich ballern, irgendwie mit der Tatsache zusammenhängt, dass dies die Hochburgen des Service-Lächelns sind?

Ich meine, wer fällt heute noch auf ein *Professional Smile* herein?

Gleichwohl gebiert inzwischen auch die Abwesenheit des *Professional Smile* nichts als Verzweiflung. Jeder, der einmal in einem Tabakladen in Manhattan ein Päckchen Kaugummi gekauft oder auf einem Chicagoer Postamt um den Stempel-Vermerk «FRA-

präsentiert sich als mein guter Freund, steuert dabei meine gesamte Wahrnehmung, sortiert jeden Eindruck vor. Er nimmt mich an die Hand. Aber gut meint er es dennoch nicht, denn er will etwas von mir. Genauso wie die Kreuzfahrt selbst. Die hübsche Umgebung, das blitzblanke Schiff, die schnieke Besatzung ebenso wie die unermüdlichen Service-Knechte oder der beflissene Fun-Manager, sie alle wollen etwas von mir, und das ist nicht allein das Geld für die Buchung – das haben sie bereits. Was genau sie von mir wollen, ist schwer festzumachen, aber ich spüre, wie es stärker wird: Es umkreist das Schiff wie eine Rückenflosse.

GILE» gebeten hat oder von der Kellnerin in einem Restaurant in Boston auch nur ein Glas Wasser haben wollte, weiß, wie vernichtend ein unfreundlicher Blick vom Servicepersonal sein kann, wie erniedrigend und erbitternd die Verweigerung des *Professional Smile*. Das *Professional Smile* hat inzwischen sogar meine Abneigung gegen unfreundliche Blicke verändert: Beim Verlassen des Tabakladens in Manhattan ärgere ich mich weniger über den miesen Charakter des Kassenmenschen oder seine Unfreundlichkeit als über seine fehlende Professionalität. Scheißspiel.

9

Dennoch bleibt festzuhalten: Der Luxus, der einem in dem teuflischen Katalog in Aussicht gestellt wird, ist weder gelogen noch übertrieben, es gibt ihn wirklich. Als Journalist stehe ich jetzt vor dem Problem: Wie viele Beispiele von Luxus brauche ich, um dem Leser eine Vorstellung vom wahnwitzigen Ausmaß der Verwöhn-Maschine namens *Nadir* zu geben?

Wie wär's mit einem Beispiel von meinem Anreisetag, Samstag, dem 11. März? Die *Nadir* ist soeben ausgelaufen, das Schmuddelwetter noch nicht da. Ich will hinaus auf Deck 10/Backbord, um mir ein bisschen das Meer anzuschauen, benötige dazu aber meine Zinkoxydsalbe[41] (für meine sonnenbrandanfällige Nase). Die Zinkoxydsalbe ist aber in meiner großen Reisetasche, und die liegt zu diesem Zeitpunkt noch in dem kleinen Bereich zwischen Vorschiffaufzug und Vorschifftreppe, wo klein gewachsene Männer in blauen Celebrity-Overalls, dem Aussehen nach allesamt Libanesen, die Gepäckanhänger mit der Stückmengen-Nummer auf der Passagierliste abgleichen und den Weitertransport von Koffern und Taschen bis in die jeweiligen Kabinen abwickeln.

Arglos steuere ich auf den Gepäckbereich zu, entdecke meine Tasche und will sie eigentlich nur aus dem Riesen-

41 (Zinkoxydsalbe, die nehme ich immer – in bademeisterlicher Dosierung. Ist allemal besser als das ganze Schutzfaktor-Zeug und pflegt selbst journalistische Schnüfflernasen babyzart.)

David Foster Wallace **73**

stapel aus Nylon und Leder klauben, um sie kurzerhand in meine Kabine 1009 zu verfrachten und dort nach meiner guten alten Zinkoxydsalbe zu durchwühlen. Dies bemerkt einer der Gepäckträger, lässt augenblicklich die vier monströsen Bagageteile fallen, unter denen er gerade ächzt, und will mir zuvorkommen. Erst denke ich, er hält mich für einen Kofferklauer und verlangt mindestens meinen Gepäckschein zu sehen. Es stellt sich aber schnell heraus, dass er mir meine Reisetasche auf die Kabine schleppen will. Ich, der (genauso wie meine Reisetasche) immerhin eine ganze Ecke größer ist als dieser kleine, gestresste Kerl, lege vorsichtig Widerspruch ein, sage: «Hey, kein Problem, das mach ich schon. Ich will nur an meine ZnO-Salbe.» Gebe auch zu bedenken, dass mir nicht entgangen ist, dass hier alles nach einem gut durchorganisierten Verteilungssystem abläuft. Erkläre, dass ich nicht will, dass meinetwegen eine Tasche aus Stückmenge #7 eher dran ist als eine von #2. Also: «Lassen Sie mal gut sein.» Ich will nur meine alte, schwere, vergammelte Tasche. Hat er also dann keine Arbeit mehr damit, und so ist jedem geholfen.

Die darauf folgende Auseinandersetzung (ich gegen den libanesischen Gepäckträger) hat eine kafkaeske Dimension, denn ich merke gar nicht, in welche Lage ich den Mann bringe, der kaum Englisch spricht und in diesem Moment tatsächlich zwischen zwei paradoxen Forderungen der Celebrity-Servicephilosophie zerrissen wird, nämlich (a) Der Gast hat immer Recht; und (b) Kein Gast muss/darf sein Gepäck selber tragen. Aber wie gesagt, im fraglichen Augenblick habe ich keine Ahnung, was der Libanese durchmacht, sondern interpretiere sowohl sein Geschrei als auch die angstverzerrte Miene lediglich als übertriebenen Eifer, schnappe mir ohne viel Federlesens die Tasche und schleife sie durch den Korridor zu Kabine 1009. Dort angekommen, bestreiche ich meinen gefährdeten Zinken mit ZnO, ehe es hinausgeht an Deck, wo sich Floridas Küstenlinie langsam – und dank F. Conroy quasi kinematographisch – ins Nichts zoomt.

Erst später wurde mir klar, was ich getan hatte. Erst später erfuhr ich, dass dem kleinen libanesischen Gepäckträger von Deck 10 der Kopf abgerissen wurde und zwar durch den (ebenfalls libanesischen) Obergepäckträger von Deck 10, welcher seinerseits den Kopf abgerissen bekam vom österreichischen Chefsteward, der über die üblichen Kanäle Meldung erhalten hatte, dass ein Passagier von Deck 10 beim Gepäckschleppen gesichtet worden sei, und selbige Meldung vorschriftgemäß an den Diensthabenden von Guest-Relations weitergeleitet hatte. Dieser, ein griechischer Offizier mit Revo-Sonnenbrille und Walkie-Talkie, begab sich noch am selben Abend zu Kabine 1009, um sich im Namen der gesamten Chandris-Flotte für den Skandal zu entschuldigen, verbunden mit der Zusicherung, dass als Sühne für eine eigenhändig getragene Tasche bereits diverse Köpfe der libanesischen Hungerleider übers Unterdeck rollten. Obwohl das Englisch des griechischen Offiziers in mancher Hinsicht besser war als meines, benötigte ich geschlagene zehn Minuten, um ihm das tra-

gische Dilemma zu verdeutlichen, in das ich den Gepäckträger durch meinen Eigensinn gebracht hatte, wobei ich
ihm die Ursache der ganzen Scheißsituation, die Tube
ZnO, mehrfach vor die Nase hielt. Zumindest rang ich
ihm das Versprechen ab, dass die losen Köpfe wieder an-
genäht und Personalakten gesäubert würden, ehe ich ihn
halbwegs guten Gewissens gehen ließ.[42] Tatsächlich hatten
mich die Hintergründe des Vorfalls derart verstört, dass ich
darüber fast eine ganze Mead-Kladde voll schrieb – wovon
an dieser Stelle nur die baren Fakten übrig geblieben sind.

Denn wohin man auf der *Nadir* auch schaut, überall
äußert sich jene verbissene Entschlossenheit, den Gast auf
eine Weise zu verhätscheln, die weiter geht als alles, was er
vernünftigerweise noch erwarten kann.[43] Einige wahllos
herausgegriffene Beispiele: In meiner Kabine befinden sich
massenweise Handtücher, dicke flauschige Handtücher.

42 Rückblickend denke ich: Was den griechischen Offizier am
Ende zufrieden stellte, war wohl eher der Eindruck, ich sei nicht
ganz richtig im Kopf. Diese Einschätzung dürfte er so oder so
ähnlich auch Mr. Dermatitis mitgeteilt haben, der ja bereits über
die Sache mit dem Bratenfett Bescheid wusste und deshalb meine Zurechnungsfähigkeit von Anfang an in Zweifel zog.

43 So lautet eine Celebrity-Maxime nicht umsonst «Wir erfüllen
Wünsche, von denen Sie nicht zu träumen wagten». Solchen
Losungen begegnet man an Bord dauernd, aber sie sind bitterer
Ernst. Allerdings werden die psychischen Folgen dieser im wahr-
sten Wortsinn grenzenlosen Verheißung – aus Kalkül oder Igno-
ranz – einmal mehr übergangen.

Aber wenn ich mich auf dem Oberdeck in die Sonne legen will[44], muss ich nicht etwa ein Handtuch aus der Kabine mitnehmen, sondern kann mir oben eines von einem Wagen nehmen – mit noch dickeren, noch flauschigeren Handtüchern. Die Handtuch-Wagen sind in bequemen Abständen entlang der Liegestuhlreihen postiert. Die Liegestühle selbst sind echte Wunderwerke, voll verstellbar mit ihrem Stahlrahmen, stabil genug selbst für dickleibigste Sonnenhungrige, dabei von narkoleptischer Bequemlichkeit durch das spezielle Material der Bespannung, das die Festigkeit und die guten Trocknungseigenschaften von Leinen mit der Weichheit und Absorptionsfähigkeit von Baumwolle verbindet. Die genaue Zusammensetzung des Tuchs bleibt mir bis heute ein Rätsel, aber es stellt im Vergleich zu dem Plastikzeugs, auf das man sich in öffentlichen Badeanstalten zu lagern hat und das bei jeder Bewegung des schweißnassen Körpers pupsende Geräusche von sich gibt, einen echten Fortschritt dar. Weiterer Vorteil: Das Material hat nicht diese streifige oder gitternetzartige Struktur, sondern spannt sich faltenfrei und plan über den Rahmen, weshalb hässliche Grillmuster auf der Haut der Vergangenheit angehören. Ach ja, und jede Handtuch-Station verfügt selbstverständlich über ihre eigene Handtuch-Fachkraft, sodass man nach erfolgter beidseitiger Bräunung das Handtuch nicht einmal entsorgen

44 (entweder an den Swimmingpools auf Deck 11 oder im *Temple of Ra* auf Deck 12)

muss, weil nämlich, sobald man seinen Hintern aus dem Liegestuhl schwingt, gleich der Handtuch-Mann erscheint. (Manche von ihnen sind echte *Overperformer* und tun des Guten auch mal zu viel. Wenn man beispielsweise nur einen Moment lang aufgestanden ist, um frisches ZnO aufzulegen oder an der Reling die Aussicht zu genießen, so verschwindet nicht nur das Handtuch im Wäschesack, auch der Liegestuhl befindet sich wieder in seiner regulären 45°-Ausgangsposition. Folge: Man muss den Liegestuhl neu einstellen und sich am Handtuch-Wagen ein frisches flauschiges Handtuch holen, die zugegebenermaßen in ausreichender Menge zur Verfügung stehen.)

Der Kellner[45] im Fünf-Sterne-Caravelle-Restaurant bringt einem nicht nur z. B. den Hummer[46] (oder auch zwei oder drei, wenn man mag, und das in metamphetaminimaler Rekordzeit), nein, mit Gabel und edelstahlglänzender Hummerzange beugt er sich über den Gast[47], legt fachgerecht das Krustentier aus der Schale frei und erledigt

45 Der Kellner von Tisch 64 heißt Tibor, stammt aus Ungarn und ist ein ganz außergewöhnlicher Zeitgenosse. Und wenn es überhaupt noch eine redaktionelle Gerechtigkeit auf dieser Welt gibt, sollen Sie weiter unten noch mehr über ihn erfahren.

46 Bis zu jener opulenten *Lobster Night* (der Dienstag der 7NC im 5*C. R.) habe ich nie wirklich begriffen, warum die alten Römer neben dem Speisesaal stets ein kleines Kotz-Separee hatten, das so genannte *Vomitorium*. Danach schon.

47 (dies aber keineswegs aufdringlich oder herablassend)

damit diskret den ekligen Teil, der zugleich das einzig Schwierige am Hummeressen ist.

Im *Windsurf Café* auf Deck 11, direkt an den Swimmingpools, gibt es mittags ein Lunch-Buffet, aber ohne die übliche Schlange, die einem sonst den Cafeteria-Besuch so verleidet. 73 verschiedene Gerichte stehen zur Auswahl, und der Kaffee ist unglaublich gut. Und wenn man Sachen dabei hat (z. B. Mead-Kladden) oder sich einfach zu viel aufs Tablett geladen hat, dann taucht ein Kellner auf, der einem das Tablett abnimmt und an den Tisch trägt. Denn obwohl es sich hier eindeutig um eine Cafeteria handelt, sind die Kellner in ihren weißen Stehkragen-Jacken nie fern. Die weiße Serviette über dem angewinkelten Arm (der dadurch wie verdorrt oder gebrochen aussieht), halten sie sich dezent im Hintergrund, vermeiden den direkten Augenkontakt und sind dennoch ständig für den Gast da. Pflaumenblau livrierte Sommeliers machen die Runde, um zu sehen, ob jemand etwas anderes trinken will, als an der Theke angeboten wird. Und über all die Kellner, Sommeliers und kochbemützten Buffetkräfte wachen Maîtres und Supervisoren, damit sichergestellt ist, dass der Gast keinen Handschlag tut, den Celebrity einem nicht abnehmen könnte.[48]

48 Auch hat es, nach Beendigung der Mahlzeit, kein Gast nötig, sein Tablett selber wegzubringen, weil sofort die Kellner herbeieilen – was, ähnlich wie mit den Handtüchern auf den Sonnendeck, nicht in jedem Fall als Hilfe empfunden wird. Wenn man

Jeder Quadratmeter auf der *Nadir*, der nicht aus Stahl oder Glas oder Parkett oder edlem Paneelholz besteht, ist mit blauem Teppich ausgelegt, in Florrichtung gestriegelt, auf dem selbst das kleinste Fusselchen keine Überlebenschance hat, weil die Putzkolonnen mit ihren blauen Overalls und den Siemens-Turbosaugern stets schneller sind. Die Aufzüge bestehen aus Panzerglas, Messing und Stahl und irgendeinem Woodgrain-geprägten Material, das für echtes Holz etwas zu sehr glänzt, sich aber, wenn man dagegen klopft, verdammt wie Holz anhört.[49] Aufzüge und Treppen zwischen den Decks[50] sind das Objekt analreten-

nämlich aufsteht – vielleicht nur, um sich einen Pfirsich zu holen – stellt man bei der Rückkehr nicht selten fest, dass der Kaffee und die leckere Sandwich-Kruste, die man sich für den Schluss aufbewahrt hat, inzwischen abgeräumt wurden. Schuld an der zwanghaften Abräumerei ist in meinen Augen aber nicht das Personal, sondern das Schreckensregiment der hellenischen Dienstherren.

49 Woodgrain ist das große Ding auf der *Nadir*, aber als Imitat zeigt es einen Grad an Perfektion, dass es sowohl einfacher als auch billiger gewesen wäre, Echtholz zu verwenden.

50 Zwei große Treppenhäuser, eines im Vorschiff, eines achtern, verbinden die einzelnen Decks miteinander. Die Spiegelwand an jedem Treppenabsatz schafft dabei nicht nur den Eindruck von Weite, sondern hat darüber hinaus den perversen Vorteil, dass man vorausgehenden Frauen via Spiegel auf den Hintern starren kann, ohne sich gleich als Spanner zu outen.

tiver Bemühungen einer hoch spezialisierten Aufzug-und-Treppen-Reinigungs-Brigade.[51, 52]

Aber wir wollen den Room-Service nicht vergessen, der auf einer 7NC-Luxus-Kreuzfahrt natürlich Cabin-Service heißt. Den Kabinenservice gibt's zusätzlich zu den elf anderen Möglichkeiten, sich über den Tag verteilt den Magen voll zu schlagen, und es gibt diesen Service rund um

51 Während der ersten beiden Sturmtage, als sehr viele Leute sich übergeben mussten (besonders nach dem Abendessen und mit Vorliebe auf Treppen oder in Aufzügen), lösten die reichlich vorhandenen Kotz-Pfützen unter Dampfdruckreinigern wahre Fressorgien aus, und das Sondereinsatzkommando «Treppe und Aufzug» rückte mit Geruchsbekämpfungsmitteln aus.

52 Übrigens, die ethnische Zusammensetzung der *Nadir*-Mannschaft folgt, oberflächlich betrachtet, der United-Colours-Ansage der Benetton-Werbung. Trotzdem lässt sich, mit etwas Übung, von der geographischen Herkunft des Einzelnen auf seine Rangstufe schließen. Die Offiziere kommen allesamt aus Griechenland, was nicht verwunderlich ist, schließlich handelt es sich um ein griechisches Schiff. Ansonsten bestimmt zunächst ein eurozentristisches Kastensystem über die Rolle an Bord. Kellner und Aushilfskellner, Barmädchen, Sommeliers, das Casinopersonal, Entertainer und Stewards sind samt und sonders Weiße, wohingegen alle niederen, schmutzigen oder körperlich anstrengenden Arbeiten von Leuten dunklen Typs verrichtet werden, von Arabern, Filipinos, Kubanern und Schwarzen aus dem westindischen Raum. Allerdings ist das System komplexer, als es auf den ersten Blick aussieht, denn es gibt «Ausreißer». Die Chefstewards und Chefsommeliers, diese gnadenlosen Überwacher der arischen

die Uhr, und er ist kostenlos. Man braucht nur x72 auf dem Telefon am Bett zu wählen, und zehn bis fünfzehn Minuten später kommt jemand, der *garantiert* kein Trinkgeld will, mit einem Tablett voller feiner Sachen wie:

Thinly Sliced Ham and Swiss Cheese
on White Bread with Dijon Mustard

oder:

The Combo: Cajun Chicken with Pasta Salad
and Spicy Salsa

und so weiter und so weiter. Die Speisekarte in der Service-Broschüre füllt eine ganze Seite, und ich schwöre, selbst diese – vergleichsweise – schlichten Mahlzeiten kann man gar nicht genug hervorheben. Als tendenzieller Agoraphobiker, der gerne mal einen ganzen Tag in der Kabine verbringt, habe ich mich binnen kürzester Zeit (und nicht ohne Schuldgefühle) vom Cabin-Service abhängig ge-

Service-Belegschaft, sind ihrerseits Südländer. Der Maître d'Hotel im 5*C.R. beispielsweise ist Portugiese, hat den Stiernacken und das breitlippige Grinsen eines Gewerkschaftsbonzen und vermittelt gleichzeitig den Eindruck, er könne einem auf ein verabredetes Zeichen hin eine 10.000-Dollar-Nutte oder die tollsten Betäubungsmittel verschaffen – und alles direkt auf die Kabine. Wir alle von T64 hassen ihn (aus Gründen, die niemand klar zu benennen vermag) und haben uns vorgenommen, ihn am Ende der Reise trinkgeldmäßig fürstlich auflaufen zu lassen.

macht. Seit ich am Montagabend in der Service-Broschüre darauf gestoßen bin, gönne ich mir allabendlich diese Extraportion Luxus – am liebsten sogar zweimal, um ehrlich zu sein. Trotzdem ist es mir jedes Mal peinlich, die x72 zu wählen, um mir, nach den elf Tafelgelegenheiten am Tag[53], noch zusätzliche Kost herankarren zu lassen. Und weil es mir so peinlich ist, verteile ich alle meine Arbeitsmaterialien wie Hefte, Kladden, Stifte und den *Fielding's Guide to Worldwide Cruising* usw. möglichst effektiv auf dem Bett, um dem Zimmerkellner dadurch zu signalisieren, die Kabine sei in Wahrheit ein Arbeitsplatz und Ort fieberhaften Feilens an den höchsten Gipfeln der Literatur,

---

53 Das heißt einschließlich des *Midnight Buffet*, das immer unter irgendeinem Länder-Motto steht und entsprechende asiatische, karibische oder Tex-Mex-Spezialitäten auffährt. Ich will auf diese Veranstaltung nicht näher eingehen. Nur soviel über die *Tex-Mex-Night* am Pool: Hinter dem Buffet hatte man eine mannshohe Eisskulptur von Pancho Villa aufgebaut, die den ganzen Abend auf den Riesensombrero von Tibor hinabtropfte, den von allen geliebten und ultracoolen ungarischen Kellner von Tisch 64. Den exakt 43 Zentimeter breiten Sombrero[53a] sowie den dazu passenden Umhang schreibt der Arbeitsvertrag vor. Tibor muss diese Staffage tragen, während er hinter der Warmhaltewanne ein wahres Feurijo-Chili ausgibt. Ich sehe noch sein rosiges Vogelgesicht vor mir, in dem sich, vor allem bei Anlässen wie diesen, das ganze postsozialistische Drama von Demütigung und trotzig bewahrter Würde Osteuropas abspielt.

53a (Ich durfte das ausmessen, als der reptilienhafte Maître d' gerade nicht hinschaute.)

weswegen ich eben jede Mahlzeit vergessen und also guten Grund habe, mir etwas kommen zu lassen.[54]

Demnach kann also auch Verwöhntwerden Stress bedeuten. Im Extremfall sogar so sehr, dass man anfängt zu spinnen. Denn Verliebtheit in die rehäugige Petra hin oder her, Tatsache ist, dass ich meinen liebreizenden Kabinensteward kaum zu Gesicht bekomme. Dass sie hingegen *mich* sieht, dafür gibt es starke Anhaltspunkte. Denn immer, wenn ich Kabine 1009 für mehr als eine halbe Stunde verlasse, ist nachher klar Schiff gemacht, sind die Handtücher ausgewechselt, die Flächen gewischt, glänzt das Bad wie neu. Um keine Missverständnisse aufkommen zu lassen: In gewisser Hinsicht finde ich das toll. Ich bin nämlich in meinem unmittelbaren Lebensumfeld ein echter Schlunz, und verbringe darüber hinaus, abgesehen von kleinen Ausflügen an Deck[55], viel Zeit in 1009. Dort sitze ich auf dem Bett, schreibe und futtere nebenher den Obstkorb leer, und dementsprechend sieht dann das Bett aus.

54 (Okay, dem Zimmerkellner ist die Frage nach der inneren *Berechtigung* eines Wunsches vermutlich vollkommen schnuppe.)

55 Das liegt vornehmlich an meiner (agoraphobischen) Angst vor großen Plätzen und wimmelnden Massen. Ich muss mich mental jedes Mal regelrecht aufbauen, um überhaupt hinauszugehen und Eindrücke vom Bordleben zu sammeln. Aber schon nach kurzer Zeit unter so vielen Menschen kann ich nicht mehr und verziehe mich unter einem Vorwand wieder in meine Kabine. Dergleichen passiert oft mehrmals am Tag.

Aber jedes Mal, nachdem ich kurz weg gewesen bin, ist das Bett frisch gemacht, die Decke straff untergeschlagen, und auf dem Kissen liegt eine von diesen hauchdünnen Pfefferminztäfelchen in Zartbitterschokolade.[56]

Also noch einmal: Das mysteriöse, unsichtbare Aufräum-Kommando an Bord ist definitiv eine tolle Sache – der Traum jedes schlunzigen Menschen, dass jemand kommt, das Zimmer entschlunzt und sich danach in Luft auflöst. Es ist wie früher bei Muttern, nur dass man kein schlechtes Gewissen zu haben braucht. Die unguten Gefühle kommen vielmehr durch die Hintertür, wenn einen nämlich jene unbehagliche Mixtur aus Schuld und Nervosität ergreift, die ich – zumindest in meinem Fall – als Verwöhn-Paranoia ausgemacht habe.

Denn bereits nach wenigen Tagen des unsichtbaren Reinemachens frage ich mich, woher Petra, meine Sauberfee, eigentlich weiß, wann ich mich in meiner Kabine aufhalte und wann nicht. Jetzt fällt mir auch auf, wie selten ich sie sehe. Eine Zeit lang stelle ich ihr regelrecht nach, reiße etwa die Tür auf und laufe in den Flur von Deck 10, um Petra dabei zu überraschen, wie sie, womöglich unauffällig aus dem Hintergrund, An- und Abwesenheit der Passagiere überwacht. Decken und Wände des Korridors suche ich nach verborgenen Videokameras ab, mit deren Hilfe

---

56 (Diese Fußnote schreibe ich eine Woche nach meiner Kreuzfahrt, und immer noch lebe ich hauptsächlich von all den gebunkerten Minz-Schokolädchen.)

sich Bewegungsprofile erstellen ließen – alles ohne Erfolg. Noch rätselhafter und beunruhigender wurde die Sache, als ich bemerkte, dass meine Kabine nur dann gereinigt wurde, wenn ich länger als eine halbe Stunde fort war. Jetzt mal im Ernst: Woher weiß Petra oder irgendein Dienstleiter, wie lange ich nicht da sein werde? Bei meinem nächsten Versuch räume ich Kabine 1009 jeweils nur für 10 bis 15 Minuten, um Petra gewissermaßen auf frischer Tat zu ertappen, aber Fehlanzeige. Dann hinterlasse ich alles in einem fürchterlichen Chaos, verstecke mich auf einem der unteren Decks und bleibe exakt 29 Minuten weg. Wiederum: keine Petra, bloß Chaos. Hingegen: Bei absolut gleicher Versuchsanordnung, aber 31-minütiger Abwesenheit finde ich meine Kabine blitzblank vor, sogar mit Pfefferminztäfelchen auf dem frisch bezogenen Kopfkissen. Von Petra allerdings keine Spur. Dabei achte ich bei meinen Gängen auf jedes noch so kleine Detail (Videokameras, Bewegungsmelder), das erklären könnte, woher die andere Seite so viel über mich weiß.[57] Alles, was ich habe, ist eine Theorie – wonach jedem Passagier eine Art Bewacher zu-

---

57 Das Naheliegendste wäre sicher gewesen, Petra zu fragen, was aber auf Grund ihrer mehr als dürftigen Englischkenntnisse nicht möglich war. Überhaupt gründete meine tiefe Zuneigung für Petra, das slawische Steward-Mädchen, auf ganze zwei Sätze, die einzigen offenbar, die sie kannte und mit denen sie praktisch alle meine Fragen und Bemerkungen, jeden Witz und jede meiner Liebeserklärungen beantwortete. Sie lauteten: *«Is no problem»* und *«You are a funny thing»*.

geteilt ist, der ihn keinen Schritt aus den Augen lässt und unter Einsatz geheimdienstlicher Methoden das Steward-Hauptquartier ständig über alle Bewegungen, Aktivitäten und nicht zuletzt über die voraussichtliche Rückkehrzeit informiert. Einen ganzen Tag lang ziehe ich alle Register der Spionageabwehr, drehe mich immer wieder unversehens um, um festzustellen, ob mir jemand folgt, verschwinde hinter Ecken, flitze in den Geschenkeladen und in der nächsten Sekunde durch eine andere Tür wieder hinaus usw. – aber nicht das geringste Anzeichen für einen Verfolger. Mein Anfangsverdacht erhärtet sich also nicht, doch eine bessere Theorie fällt mir auch nicht ein. Wie sie es machen, bleibt rätselhaft. Irgendwann gebe ich es auf, sonst drehe ich noch durch. Ohnehin zieht mein seltsames Benehmen erste verständnislose Blicke auf sich, einige Gäste auf Deck 10/Backbord tippen sich bereits viel sagend an die Stirn.

Aber auch so ist der VIP-Verwöhnservice an Bord der *Nadir* eine ganze und gar irremachende, Hirn erweichende Sache, der manische Kabinen-Reinigungsdienst liefert dafür nur das krasseste Beispiel. Vielleicht weil man ahnt, dass es eben doch nicht so ist wie ehedem bei Muttern. Denn eines steht fest – trotz meines schlechten Gewissens damals, trotz ihres ewigen Gemeckers über die Unordnung im Zimmer: Eine Mutter räumt dir die Sachen hinterher, weil sie dich liebt. Du bist der Mittelpunkt, das Objekt ihrer Bemühungen. Anders auf der *Nadir*. Sobald sich einmal der Reiz des Neuen und das Erstaunen über so viel

Bequemlichkeit gelegt hat, macht sich Enttäuschung breit, Enttäuschung darüber, dass der ganze Aufwand keineswegs persönlich gemeint ist, sondern nur Teil eines Dienstplans. (Besonders traumatisch für mich die Erkenntnis, dass Petra meine Kabine nicht meinetwegen putzt oder weil ich so nett bin oder *No Problem* und ein *Funny Thing*, sondern weil sie Anweisung dazu hat, und dass sie Kabine 1009 auch für jeden x-beliebigen Blödmann putzen würde. Und wer weiß, vielleicht hält sie mich ja hinter ihrem Service-Lächeln für einen ausgemachten Blödmann. Schlimmer: Was, wenn sie damit Recht hat? Wenn ich tatsächlich der letzte Blödmann *bin?* Ich meine, wenn alles Verwöhntwerden nicht in echter Sympathie gründet und mir deshalb auch kaum das Gefühl vermitteln kann, *kein* Blödmann zu sein, welchen Wert besitzt dieses Affentheater dann überhaupt?)

Das ist so ähnlich, als wäre man Gast in einem Haus, wo bereits das Bett gemacht ist, sobald man morgens aus der Dusche kommt, wo schmutzige Wäsche zusammengelegt und ungefragt gewaschen wird, nach jeder Zigarette ein frischer Aschenbecher vor einem steht usw. Eine Zeit lang fühlt man sich durch diese Art Gastfreundschaft geehrt, bestätigt und umsorgt. Aber irgendwann beschleicht einen der böse Verdacht, dass die Gastgeberin gar nicht aus Wertschätzung für ihren Gast handelt, sondern lediglich einem neurotischen Putzfimmel gehorcht. Und da Sinn und Zweck ihrer Bemühungen nicht Gastfreundschaft ist, sondern Ordnung und Sauberkeit an sich, liegt nahe, dass sie die baldige Verabschiedung ihres Gastes herbeisehnt. Mit anderen Worten, ihr ganzes Gedöns zeigt nur, dass ihr Gast stört. Auf der *Nadir* herrscht zwar nicht unbedingt die Teppichschaum-und-Schonbezug-Philosophie des analen Gastgebertyps, doch die psychische Aura der permanenten Raumpflege ist dieselbe: Der Gast soll keine Spuren hinterlassen, sondern möglichst bald verschwinden.

10

Keine Ahnung, wie es Klaustrophobikern ergeht, aber agoraphoben Passagieren bietet ein 7NC-Luxusliner eine ganze Palette höchst attraktiver Ecken, in die er sich verdrücken kann. Zunächst steht es der Agoraphobikerin frei, das Schiff nicht zu verlassen.[58] Des Weiteren kann sie ihren Wirkungskreis auf bestimmte Decks oder auch nur das Deck beschränken, auf dem ihre Kabine liegt. Ferner zwingt sie niemand, aufs Promenadendeck hinauszutreten und den Blick in die angstbesetzte Ferne schweifen zu lassen. Ein Schiff besteht hauptsächlich aus geschlossenen Räumen, und die sind ja auch schön. Oder sie bleibt gleich ganz in ihrer Kabine.

Ich, der ich nicht zu den harten Fällen gehöre, die nicht einmal einen Supermarkt aufsuchen können, sondern eher zu den grenzwertigen Agoraphobikern, habe mich dennoch schwer in meine Kabine 1009/Backbord/außen verliebt.[59] Sie besteht ganz aus einem mattglänzenden, beige-

58 (Auf See vielleicht nicht der Knaller, aber im Hafen, sobald die Gangway ausfährt, ein Vorteil von psychostrategischer Bedeutung.)

59 «1009» bedeutet, dass sich die Kabine auf Deck 10 befindet, «Backbord» heißt auf der linken Seite, und «außen» besagt, dass die Kabine ein Fenster hat. Daneben gibt es auch «Innen»-Kabinen, nämlich jeweils mittseits des Gangs, aber 7NC-Passagiere mit Platzangst-Problemen sollten auf jeden Fall «außen» reservieren.

farben Polymerkunststoff, und die Wände sind besonders dick und solide. Ich kann bis zu fünf Minuten mit
den Fingern gegen die Wand über meinem Bett trommeln,
ehe jemand aus der Nachbarkabine genervt (aber wie aus
weiter Entfernung) zurückhämmert. Die Kabine misst
13 Turnschuhe in der Länge (*Keds*, Größe 45) und 12 in der
Breite und verfügt sogar über einen kleinen Eingangsbereich. Die Kabinentür lässt sich mit drei verschiedenen
Schließsystemen sichern. Fest ans Türblatt genietet und
dreisprachig ein Rettungsplan mit Instruktionen für das
richtige Verhalten im Fall einer Havarie. Sehr schön: Am
Türknauf hängt ein ganzer Schwung mit DO-NOT-DIS-
TURB-Kärtchen.[60] Der Eingangsbereich ist anderthalb-
mal so breit wie ich selbst. Zur Rechten befindet sich das
Bad, links eine Art Superschrank 2000 mit einer verwir-
renden Vielzahl von Einlegeböden, Fächern, Schubladen,
ja, sogar mit einem persönlichen, flammenfesten Mini-
Safe. Der Superschrank 2000 ist so vertrackt durchdacht
in seiner Raumnutzung, dass ihn nur eine rundum organisierte Persönlichkeit entworfen haben kann.

Entlang der ganzen Stirnwand, d. h. unterhalb des Fens-
ters, das hier Bullauge genannt wird, verläuft eine breite

---

60 Nichtamerikanische Agoraphobiker werden entzückt sein zu
erfahren, dass die Sammlung das deutsche «BITTE NICHT
STÖREN» ebenso enthält wie «PRIÈRE DE NE PAS DÉ-
RANGER», «SI PREGA NON DISTURBARE» oder (mein
persönlicher Favorit) «FAVOR DE NO MOLESTAR».

Ablage aus emailliertem Stahlblech.[61] Ähnlich wie auf den TV-Traumschiffen sind diese Bullaugen tatsächlich rund, aber erheblich größer, als man von weitem denkt. Im Ganzen wirkt es eher wie die Fensterrose einer Kathedrale und hat auch in etwa diese Funktion. Die Scheibe ist dick wie das Panzerglas, hinter dem Kassierer von Drive-in-Banken sitzen. In einer Ecke sehe ich Folgendes:

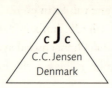

Man kann mit der Faust dagegen schlagen, ohne dass irgendetwas zittert, bebt oder nachgibt. Wirklich ein ausgesprochen gutes Glas. Jeden Morgen um exakt 8:34 Uhr klettert ein Filipino im Blaumann in eines der Rettungsboote, die in einer langen Reihe zwischen Deck 9 und 10 an ihren Davids hängen, und spritzt mit einem Wasserschlauch mein Bullauge ab, um es von Salz zu befreien, was lustig anzusehen ist.

Die Größe von Kabine 1009 erreicht knapp den so genannten «gehobenen» Standard der Kreuzfahrtlinie und liegt damit irgendwo zwischen knuffig und saueng. Kein

---

61 Als Kind oder Anorektiker könnte man auf dieser Ablage sogar sitzen und verträumt aufs Meer hinausschauen. Dieser Genuss bleibt einem normalen Erwachsenen durch die hinternfeindliche Rutschkante allerdings verwehrt.

Wunder, wenn man bedenkt, was man auf der mehr oder weniger quadratischen Grundfläche alles untergebracht hat: ein schönes, großes Bett, zwei Nachttischchen mit jeweils einer Lampe und einen Fernseher mit 18-Zoll-Bilddiagonale und fünf *At-Sea-Cable*®-Kanälen. Auf zweien davon läuft in endloser Wiederholung nur der Simpson-Prozess.[62] Außerdem bietet es einen emailbeschichteten Schreibtisch, der auch als Schminktisch dient, sowie einen runden Glastisch mit Obstkorb, in dem sich abwechselnd frische Früchte und Orangenschalen und Apfelreste be-

---

62 Ansonsten stehen etwa ein Dutzend leicht abgenudelte Kinofilme zur Auswahl, die offenbar über VHS-Kassette ins Kabelnetz des Schiffes eingespeist werden. Man erkennt das daran, dass bestimmte Stellen immer wieder dieselben Streifen und Spratzer aufweisen. Die Filme laufen rund um die Uhr, und manche habe ich am Ende so oft gesehen, dass ich die Dialoge nachbeten kann, darunter *2 Mio. $ Trinkgeld – It Could Happen to You* (nach Art des Capra-Klassikers *It's a Wonderful Life*, nur mit einem Lotterieschein als Drehpunkt des Plots), *Jurassic Park* (eher schwach, wie ich fand, obwohl die unterentwickelte Handlung erst bei der dritten Wiederholung auffällt. Danach verfolgen Borderline-Agoraphobiker wie ich den Film wie einen Porno, Däumchen drehend, bis endlich T.Rex und Velociraptor auftauchen (die eigentlichen Stars des Streifens), *Wolf* (bescheuert), *Die kleinen Superstrolche* (Brechreiz erregend), *Andre* (so was wie *Sein Freund Jello* aus '57, mit Robbe), *Der Klient* (wo ich mich frage, wo sie alle diese unglaublich guten Kinderdarsteller herkriegen), und *Mr. Bill* (mit Danny DeVito und schon deshalb ein Herzwärmer und Tränenrührer, weil endlich mal ein Akademiker der Held ist).

finden. Ich weiß nicht, ob es den allgemeinen Service-Gepflogenheiten auf der *Nadir* entspricht oder nur ein Zückerchen für den Journalisten darstellt, aber jedes Mal, wenn ich von einer meiner (mindestens) halbstündigen Exkursionen zurückkehre, steht ein neuer Obstkorb auf dem Glastisch, hygienisch hübsch und straff verpackt in bläuliche Frischhaltefolie. Das Obst in meiner Kabine geht nie aus, und frisch ist es obendrein. Ich habe in meinem ganzen Leben noch nie so viel Obst gegessen.

Höchstes Lob verdient das Bad von Kabine 1009. Weiß Gott, ich habe schon viele Badezimmer erlebt, aber dieses hier ist echt ein gottverdammtes Schmuckstück. Es ist fünfeinhalb Turnschuhlängen tief bis zur Kante der Duschwanne und dem Schild «Vorsicht Stufe» und ganz in weißem Email und gebürstetem Stahl gehalten. Die indirekte Deckenbeleuchtung beeindruckt durch ihre xenonartige Intensität, die aufgrund einer speziellen Diffusortechnik jedoch nie kalt oder hart wirkt.[63] Neben dem Lichtschalter und direkt mit der Wand verschweißt, befindet sich ein Alisco-Sirocco-Föhn, der sich automatisch einschaltet, sobald er aus der Halterung genommen wird, und dessen höchste Stufe einem beinahe den Kopf wegbläst. Wiederum daneben Steckdosen mit 115 V und 230 V

63 Ideales Licht für den erfolgreichen und körperbewussten Erwachsenen, der sich einerseits ein klares Bild über allfällige Problemzonen verschaffen, andererseits aber doch das Gefühl haben will, spitzenmäßig auszusehen.

Netzspannung, dazu eine weitere geerdete Dose speziell für Elektrorasierer.

Das Waschbecken ist groß und tief, aber auf eine leichte, sanft geschwungene Art. Die Wand über dem Waschbecken ist voll qualitätsverspiegelt von C. C. Jensen Denmark. Die Seifenschale aus Edelstahl hat Ablaufschlitze, sodass sich unangenehmer Seifenschlamm gar nicht erst bilden kann. Vor allem diese geniale Anti-Schlamm-Vorrichtung bewegt mich sehr.

Wohlgemerkt, bei Nr. 1009 handelt es sich um eine Einzelkabine des mittleren Preissegments. Was dagegen eine Luxus-Penthouse-Kabine zu bieten hat, sprengt die Vorstellungskraft eines Normalsterblichen bei weitem.[64]

Deshalb hereinspaziert in das Bad von Kabine 1009! Übrigens, der leichte Druck auf den Lichtschalter aktiviert zugleich den Abluft-Ventilator in der Decke, dessen Kraft und Wirbeldynamik kurzen Prozess macht mit Dampfschwaden und weniger angenehmen Körpergerüchen.[65]

64 Leider wurden alle Anfragen meinerseits, einmal ein Klo der Luxus-Klasse zu besichtigen, von den Penthouse-Bewohnern erstens durchweg missverstanden und zweitens schroff abgelehnt. Freie Journalisten ohne Kameratross und Senderlogo am Mikrophon haben es auf einem Luxusdampfer wie der *Nadir* nicht leicht.

65 Das Bad von 1009 riecht immer eigenartig, aber nicht unangenehm nach dem norwegischen Desinfektionsmittel. Ein Zitrusduft wie von Leuten synthetisiert, die zwar die genaue che-

Direkt unterhalb der Lüftungsblende entwickelt das Ding eine Leistung, dass einem buchstäblich die Haare zu Berge stehen, was im Zusammenspiel mit dem Sirocco-Föhn stundenlangen Puste-Spaß garantiert.

Die Dusche ist ein *Overperformer* besonderer Art. Die Heißstufe zieht einem zwar beinahe die Haut ab, doch bedarf es nur einer kurzen Drehung des Wärmereglers, und aus dem Duschkopf strömt Wasser mit einer voreingestellten Wohlfühl-Temperatur von exakt 37°. Aber was heißt strömt – es schießt mit einer Gewalt aus der Brause, dass man an die Rückwand der Kabine genagelt wird. Einen solchen Druck wünschte ich mir mal in meiner eigenen Wohnung. Und erst die unübertreffliche Massagefunktion! Da verdreht man nur noch die Augen, und der

mische Zusammensetzung einer Zitrone kennen, aber noch nie an einer Zitrone gerochen haben. Das Zeug verhält sich zu einer leibhaftigen Zitrone so ähnlich wie diese Kinder-Aspirin-Kautabletten (mit Orangengeschmack) zu einer echten Orange.

Dagegen riecht die Kabine, vor allem, nachdem sie frisch gereinigt wurde, nach rein gar nichts. Wirklich nach überhaupt nichts. Weder Teppich noch Bettdecke geben olfaktorisch irgendetwas her, weder aus der Schreibtischschublade noch aus dem Superschrank 2000 müffelt einem irgendetwas entgegen, das sich identifizieren ließe. 1009 zählt zu den wenigen geruchlosen Orten, die ich je erlebt habe. Auch das ist, wenn man darüber nachdenkt, irgendwie unheimlich.

Sphinkter stellt sich auf weit.[66] Das Ganze funktioniert übrigens auch als Handdusche, sodass man den peitschenden Wasserstrahl unmittelbar auf stark verschmutzte Körperstellen wie zum Beispiel das rechte Knie oder so lenken kann.[67]

Natürlich wurde auch an Toilettenartikel gedacht. Die verchromten Ablage-Körbe, in bequemer Höhe neben dem Spiegel angebracht, sind randvoll mit Pröbchen und allerlei Nützlichem. Es gibt *Caswell-Massey Conditioning Shampoo* und *Caswell-Massey Almond and Aloe Hand and Body Emulsion With Silk*, dazu einen soliden Plastikschuhlöffel und ein lederartiges Pflegetuch zum Brilleputzen oder für die leichte Schuhpflege. Beide Artikel natürlich in

66 Die Designer der Duschwanne haben diesen Reflex womöglich sogar in Betracht gezogen, denn der Wannenboden weist ein konzentrisches Gefälle von 10 Prozent in Richtung Abfluss auf, der selber so groß ist wie ein Essteller und aggressive Schlürfgeräusche von sich gibt.

67 Der abnehmbare und pulsierende Duschkopf findet offenbar auch als Spielzeug für Erwachsene Verwendung. Aus aufgeschnappten Gesprächen einer texanischen Studentenclique auf Spring-Break-Tour, den einzigen *Nadir*-Passagieren dieser Altersgruppe, weiß ich von verschiedenen Möglichkeiten. Ein Student war besessen von der Idee, die Duschkopf-Technik um eine Fellatio-Funktion zu erweitern, wozu er dem Vernehmen nach allerdings einen «metrischen Ratschen-Satz» benötigte. Keine Ahnung, was das sein soll.

David Foster Wallace **97**

den Celebrity-Farben Marineblau auf Blendweiß.[68] Und
selbstverständlich liegen dort stets *zwei* Duschkappen statt
nur einer. Und die gute alte, völlig unprätentiöse, antibak-
terielle Safeguard-Deoseife. Die Waschlappen sind vollkommen knüsselfrei und die Handtücher so weich, dass
man sich nie wieder von ihnen trennen möchte.

Im Superschrank 2000 befinden sich zusätzliche Decken, Allergiker-Kissen und CELEBRITY-CRUISES-
Plastiktüten in allen erdenklichen Größen – für die
Schmutzwäsche oder Sachen, die in die Reinigung müssen
usw.[69]

Aber dies alles ist nichts im Vergleich zur ebenso fas-
zinierenden wie potenziell bösartigen Toilette, eine gelun-
gene Verbindung von Eleganz in der Form und rabiater
Funktion, flankiert von Klorollen so hautsympathisch,
dass sie sogar ohne die sonst übliche Perforation auskom-
men. Über dem Klo der Hinweis:

68 Die *Nadir* selbst ist im unteren Rumpfbereich blau, ansonsten weiß. Alle Megalines präsentieren sich in solchen Stallfarben,
entweder Hellgrün auf Weiß, Blaugrün auf Weiß, Hellblau auf
Weiß, Dunkelrot auf Weiß etc. Grundfarbe scheint immer Weiß
zu sein.

69 Daneben wird ein «Butler-Service» angeboten, wodurch man
sich um überhaupt nichts mehr kümmern muss – und das zu
durchaus vertretbaren Preisen, wie zu erfahren ist. Abschreckend
sind nur die Formulare, die man zu diesem Zweck außen an die
Tür zu hängen hat, und ich scheue irgendwie davor zurück, diese gigantische Service-Maschinerie in Gang zu setzen.

DIESE TOILETTE IST TEIL EINER
UNTERDRUCK-ABWASSER-ANLAGE.
BITTE KEINE GEGENSTÄNDE EINWERFEN
AUSSER NORMALEM TOILETTEN-ABFALL
UND TOILETTENPAPIER.[70]

Sie haben übrigens richtig gehört: ein *Unterdruck-Lokus.*
Aber wie schon bei der Lüftungsanlage in der Decke handelt es sich nicht um irgendwelchen Kinderkram, sondern
sozusagen um die Vollversion, die *große* Lösung. Schon
die Spülung verursacht ein kurzes, aber traumatisierendes
Geräusch, ein Gurgeln in Höhe des dreigestrichenen C,
wie ein gastrischer Tumult in kosmischem Maßstab, begleitet von knatternden Sauglauten, die Angst einflößend
und tröstlich zugleich sind. Die eigenen Rückstände werden, so wird einem vermittelt, nicht einfach nur entfernt,
sondern geradezu hinweg*katapultiert,* und das so vehe-
ment, dass sie buchstäblich wesenlos werden ... Schon beinahe eine existenzielle Entsorgungsmethode.[71, 72]

70 Was hier fehlt, ist der Zusatz «sic!», denn wie, bitte, darf ich
mir «normalen Toiletten-Abfall» vorstellen, dessen «Einwerfen» ja
ausdrücklich gestattet ist? Vor meinem geistigen Auge erscheint
das Bild von lässig in die Schüssel geschmetterten Exkrementen.
Immerhin, solche Schnitzer sind ein menschlicher Zug, und diese Toilette konnte ein bisschen Menschlichkeit ganz gut gebrau-
chen.

71 Unverkennbar der innere Zusammenhang zwischen Entlüf-
tungsanlage und der Unterdruck-Toilette: Die Grundidee ist die-

selbe und besticht durch ihre Radikalität. Ziel ist die Ausmerzung sämtlicher Abfallprodukte und Gerüche, die nach all den Fressorgien (5*C.R. plus 2× Cabin Service plus Obstkörbe) schlicht unvermeidlich sind.

72 Die UNTERDRUCK-ABWASSER-ANLAGE der *Nadir* fasziniert mich mit der Zeit so sehr, dass ich mich abermals aufmache zu Mr. Dermatitis, dem Hotel-Manager, und in aller Bescheidenheit darum bitte, einen Blick in den Unterbauch des Schiffes werfen zu dürfen. Arglos, wie ich bin, erwähne ich dabei mein spezielles Interesse an der UNTERDRUCK-ABWASSER-ANLAGE, was eindeutig ein Fehler ist. Im Rahmen meiner vorbereitenden Recherchen ist mir nämlich entgangen, dass es nur wenige Monate vorher diesen Umweltskandal gegeben hatte. Und zwar hatten mehrere Passagiere mit der Videokamera festgehalten, wie man – ich glaube auf der *Queen Elizabeth II* – das Müll- und Abwasserproblem löste, nämlich auf hoher See und entgegen den einschlägigen Wasserschutzbestimmungen. Die Videokassetten waren später anscheinend an einen Fernsehsender verkauft worden und versetzten die ganze Branche in Aufruhr. Vor allem fürchtete man, ausgelöst durch die Wühlarbeit skrupelloser Journalisten, neue Negativschlagzeilen und befand sich allgemein in einem Zustand Nixon'scher Paranoia. Nicht einmal die verspiegelte Sonnenbrille konnte verbergen, dass ich Mr. Dermatitis ernstlich aufgeschreckt hatte und deshalb mit meinem Ansinnen scheitern musste. Und der Platz hier reicht bei weitem nicht hin, in voller Länge den Vortrag wiederzugeben, den mir Dermatitis zur Verteidigung seiner UNTERDRUCK-ABWASSER-ANLAGE hielt. Beim Abendessen im 5*C.R. jedenfalls informieren mich meine kreuzfahrterfahrenen Tischgenossen ausführlich über die *QEII*- Affäre und schreien vor Lachen[72a] über meine Naivität, mich ausgerechnet an Dermatitis zu wenden – und alles nur wegen meiner kindlichen Faszination für Schiet

schlürfende Systeme. Mittlerweile bin ich selber davon überzeugt, dass mich Mr. Dermatitis für einen investigativen Journalisten hält, welcher – egal, wie – eine Story über Haigefahren oder das Müllgebaren der Luxuslinien mit nach Hause bringen will. Womöglich taxiert er sogar bereits das Risiko, mich auf irgendeine Weise unschädlich zu machen. Aus Gründen, die zu neurotisch sind für eine nähere Erklärung, glaubte ich anderthalb Tage lang sogar, die Dunkelmänner der *Nadir* könnten mit Hilfe der saugstarken 1009-Toilette mein spurloses Verschwinden betreiben, etwa indem sie die Schüssel mit einem Gleitmittel vorbehandeln und die Leistung der UNTERDRUCK-ABWASSER-ANLAGE kurzfristig derart erhöhen, dass ich zusammen mit meinem physiologischen Restmüll ins Wesenlose der bordeigenen Sickergrube gerissen werde.

72a (buchstäblich)

11

Wer zum ersten Mal eine Seereise unternimmt, wird feststellen, dass das Meer nicht immer ein und dasselbe Meer ist. Das Wasser verändert sich. Der Atlantik, der gegen die Ostküste der USA anwogt, ist trübe, lichtlos und wirkt immer bedrohlich. Rund um Jamaika ist die See von einem hellen, durchscheinenden Aquamarin. Vor den Kaiman-Inseln ist sie tiefblau, und vor Cozumel beinahe violett. Dasselbe bei den Stränden. Man merkt gleich, der Strand von Südflorida ist zerriebenes Felsgestein, er hat dieses mineralische Glitzern und ist so hart, dass einem beim Gehen die Füße wehtun. Der Strand von Ocho Rios sieht aus wie schmutziger Zucker, während er auf Grand Cayman eher puderig ist, reines Silikat in Wolken-Traum-Weiß. Die einzige echte Konstante auf der Fahrt der *Nadir* durch die Karibik ist eine Szenerie, die wie retuschiert wirkt, so hübsch ist sie.[73] Das andere, was sich darüber hinaus noch mit einiger Sicherheit sagen lässt, ist: Sie sieht *teuer* aus.

73 Ich sage absichtlich nicht «schön», sondern «hübsch», das ist ein Unterschied.

12

Ein Morgen im Hafen ist für agoraphobisch Veranlagte immer eine ganz besondere Zeit, denn alle anderen sind auf Landgang, unternehmen geführte Exkursionen oder einen Einkaufsbummel entlang der Touristen-Renne, und die oberen Decks der *Nadir* sind so gespenstisch schön verwaist wie früher das Haus meiner Eltern, wenn man krank das Bett hüten musste und alle anderen entweder auf der Arbeit oder in der Schule waren. Wir schreiben Mittwoch, den 15. März (die Iden des ...), es ist exakt 9:30 Uhr, wir liegen im Hafen von Cozumel, Mexiko. Ich befinde mich auf Deck 12. Alle paar Minuten joggen mehrere Typen in T-Shirts einer Software-Firma wohlriechend vorbei,[74] aber sonst bin ich allein mit meinem ZnO, meinem Sonnenhut und etwa eintausend leeren und einheitlich ausgerichteten Qualitätsliegestühlen. Der Handtuch-Mensch von Deck 12/achtern hat fast niemanden, an dem sich seine Service-Philosophie erproben ließe, und um 10:00 Uhr bin ich bei meinem fünften Handtuch.

Hier, auf dem höchsten Steuerbord-Deck ist der agoraphobisch Veranlagte endlich allein und kann versonnen

---

74 Sieben Runden um Deck 12 ergeben eine Meile, und ich gehöre zu den wenigen Nadiriten unter Siebzig, die jetzt, wo das Wetter schön ist, nicht joggen wie der Teufel. Die zirkuläre Rush-hour auf Deck 12 beginnt meist schon in der Frühe, und ich konnte bereits einige monstertruckmäßige Kollisionen beobachten.

aufs Meer schauen. Die See vor Cozumel ist von einem blassen Indigo, durch das man den weißen Meeresgrund sehen kann. In einiger Entfernung beginnen violette, wolkenartigen Korallenformationen. Ich begreife, warum die Leute von «glasklarem» Wasser sprechen. Gegen 10:00 Uhr treffen die Sonnenstrahlen in einem solchen Winkel auf der Wasseroberfläche auf, dass der ganze Hafen, so weit das Auge reicht, zu leuchten anfängt. Das Wasser bewegt sich in Millionen Splittern, und jeder einzelne glitzert von Zeit zu Zeit auf. Hinter den Korallen wird das Wasser in kartographisch-präzisen Stufen immer dunkler, ein Phänomen, das offenbar mit der Perspektive zusammenhängt. Dies alles ist extrem hübsch anzusehen und sehr friedlich. Außer mir und dem H. M. und den Trimmtrab-Trabanten befindet sich nur eine ältere Lady an Deck (sie liest ein Buch mit dem Titel *Codependent No More – Das Ende der Abhängigkeit*) sowie, in Bugnähe, ein Mann, der das Meer auf Video aufnimmt. Ein trauriges Gerippe mit grauem Bürstenschnitt, Birkenstocks und spindeldürren, haarlosen Waden, das bei mir ab Tag 2 nur noch *Captain Video* hieß und sicherlich einer der denkwürdigen Exzentriker an Bord war.[75] Fast jeder an Bord ist mehr oder weniger ka-

---

75 Zu den weiteren Exzentrikern auf dieser 7NC zähle ich: den dreizehnjährigen Jungen mit dem Toupet, der in seiner orangefarbenen Schwimmweste, die er nie ablegt, auf dem Oberdeck sitzt und in einem Halbkreis aus drei verschiedenen Kleenex-Schachteln Horrorpornos von Philip José Farmer verschlingt; den aufgedunsenen Kerl, der jeden Tag von 12:00 Uhr mittags bis 3:00

merabesessen, doch Captain Video filmt praktisch alles: Mahlzeiten, leere Korridore, scheintote Bridge-Partien. Während der Pool-Party springt er sogar auf die Bühne, um die Menge aus der Perspektive der Musiker aufzunehmen. Schon jetzt ist abzusehen, dass die gesammelten Kassetten von Captain Videos Megakreuzfahrt einmal ein

Uhr in der Frühe stieren Blicks an demselben Blackjack-Tisch im Mayfair Casino ausharrt, Long Island Iced Teas süffelt (darin enthalten: Tequila, Gin, Rum, Triple Sec) und der mit einer Langsamkeit spielt, die submarin anmutet. Und natürlich den *Mann-der-am-Pool-schläft*. Er tut tatsächlich nichts anderes, und er tut es immer, sogar bei Regen, er schläft, ein Mann von vielleicht fünfzig Jahren, ein Exemplar von John Naisbitts *Megatrends* aufgeschlagen auf dem behaarten Bauch, schläft, ohne Sonnenbrille oder Sunblocker, schläft, regungslos, stundenlang in der High-Energy-Sonne, ohne aufzuwachen, ohne Verbrennungen, immer weiter. (Ich vermute, sie schaffen ihn nachts auf einer fahrbaren Krankentrage hinunter in seine Kabine.) Des Weiteren existieren an Bord zwei urzeitliche, trübäugige Ehepaare, die hinter dem Plexi-Windschutz auf Deck 11 festgewachsen sind, gleich neben den Pools und dem Windward Café. Mit senkrecht gestellten Rückenlehnen sitzt das Quartett hinter der Plexischeibe und schaut Ozeane und Häfen wie andere Leute Fernsehen – und, soweit ich erkennen konnte, in vollkommener Reglosigkeit.

Folgendes scheint mir dabei wichtig, festgehalten zu werden: Die Exzentriker der *Nadir* sind in der Mehrzahl Spezialisten der Stasis. Was immer sie tun, sie tun es unentwegt, Stunde für Stunde, Tag für Tag und weitestgehend bewegungslos. (Captain Video ist die Ausnahme. Captain Video mit seinem Camcorder ist bei den anderen Passagieren erstaunlich wohlgelitten – bis zur vor-

Filmdokument ergeben, das exakt so lang ist wie die Kreuzfahrt selbst – und so langweilig wie Warhol. Außer mir ist Captain Video der Einzige, der ohne Anhang angereist ist. Dies und einige weitere Gemeinsamkeiten zwischen mir und Captain V. (z. B. der agoraphobische Widerwille gegen Landgänge) sorgen dafür, dass ich mich in seiner Gegenwart ziemlich unwohl fühle und ihm aus diesem Grund möglichst aus dem Weg gehe.

Der agoraphobisch Veranlagte kann aber auch auf der Steuerbordseite stehen und zugucken, wie die *Nadir*-Kohorten an Land gespien werden. Schier endlos der Strom, der sich über die schmale Gangway von Deck 3 ergießt. Und sobald eine Sandale die Pier betritt, verändert sich die gesamte Soziologie dahingehend, dass aus den Fünf-Sterne-Passagieren stinknormale Touristen werden. Eine dreizehnhundertköpfige Schlange von amerikanischen Wohlstandsbürgern drängelt sich in diesem Moment auf dem gut vierhundert Meter langen Betonkai von Cozumel in Richtung TOURISM CENTER[76], die Ta-

letzten Nacht an Bord und bis zu einem so genannten *Midnight Caribbean Blow-Out* am Pool von Deck 11, wo er versucht, die Polonaise umzuleiten, weil sie so besser ins Bild passt. Da erhebt sich ein Aufstand gegen Captain Video, unblutig zwar, aber insgesamt doch so unschön, dass er sich für den Rest der Reise unter Deck verkriecht und vermutlich mit Schnitt und Bildbearbeitung beschäftigt ist. Material hat er genug.)

76 (das Schild ist nicht umsonst auf Englisch)

schen voller Geld, entschlossen, etwas zu erleben und diese Erlebnisse aufzuzeichnen. Das Tourism Center ist eine Art Wellblech-Bunker, von wo aus man «Organized Shore Excursions»[77] buchen kann und wo auch Taxis bzw. Moped-Taxis nach San Miguel warten. Die Armut und die primitiven Zustände auf Cozumel waren abends zuvor Gesprächsthema an Tisch 64. Angeblich ist dort alles so arm und so primitiv, dass der US-Dollar empfangen wird wie ein Ufo: «Ehrlich, die Leute fallen auf die Knie, wenn er landet.»

Einheimische entlang des Kais offerieren den Nadiriten die Gelegenheit, sich mit einem Grünen Leguan fotografieren zu lassen. Gestern auf Grand Cayman war es statt des Leguans ein Alter mit Holzbein und Haken – derweil draußen in der Bucht ein nachgebildetes Piratenschiff auf Seeräuber-Folklore machte und stundenlang Breitseiten böllerte, was allen ziemlich auf die Nerven ging.

---

77 Die große Attraktion in Ocho Rios am Montag war ein Wasserfall, hinter dem man in Begleitung eines Führers entlangspazieren konnte. Ein Regenschirm für die Kamera wurde gleichwohl empfohlen. Gestern auf Grand Cayman drehte sich alles um zollfreien Rum und etwas, das sich *Bernhard Passman Black Coral Art* nannte. Hier auf Cozumel feilscht man mit fliegenden Händlern um Silberschmuck. Daneben gibt es Duty-Free-Schnaps und, in San Miguel, eine legendäre Bar namens *Carlos und Charlie's*, wo Drinks ausgeschenkt werden, die hauptsächlich Feuerzeugbenzin enthalten.

Träge zerfließend wie ein Lavastrom suchen sich die *Nadir*-Massen ihren Weg, zu zweit, zu viert, in kleinen Gruppen, ganzen Horden, ein komplexes, unaufhaltsames Vorrücken pastellfarbener Hemden und Blusen, behängt mit Aufnahmegeräten. 85 % der Frauen tragen weiße Augenschirme und Handtaschen aus Korbmaterial. Und alle tragen sie Sonnenbrillen mit dem Accessoire des Jahres, einer weichen Brillenkette in Leuchtfarbe, welche das unentwegte Aufsetzen und Abnehmen der Brille ermöglicht.[78]

Rechts von mir (Südost) nähert sich ein weiteres Megaschiff der Anlegestelle, die, bedenkt man den stumpfen Anfahrtswinkel, ziemlich in unserer Nähe sein muss. Das Schiff bewegt sich wie eine Naturgewalt und lässt die Vorstellung nicht zu, dass es tatsächlich von einer menschlichen Hand gesteuert wird. Ein solches Riesenteil an seinen Liegeplatz zu manövrieren, ist etwa so, als wollte man mit verbundenen Augen und vier LSD-Trips auf der Zunge eine Zugmaschine in eine Parklücke zwängen, die einem nicht einmal einen einzigen Zentimeter Rangierraum bietet. Wie es wirklich abläuft, lässt sich leider auch nicht herausfinden, denn nach dem oberpeinlichen Bratenfett-Experiment usw. lassen mich die von der *Nadir*

---

78 Die Sonnenbrille wie ein Diadem auf den Kopf zu schieben, früher bei besser verdienenden Sonnenbrillenträgern sehr beliebt, ist offenbar aus der Mode gekommen, ebenso wie die Marotte, sich weiße Lacoste-Tennispullis locker um die Schulter zu hängen.

nicht einmal in die Nähe der Brücke. Unser Anlegemanöver bei Sonnenaufgang versetzte sowohl die Mannschaft an Bord als auch die Hafenarbeiter in hektische Betriebsamkeit. Und während aus dem Nabel des Schiffs der Anker an seiner Kette[79] in die Tiefe rattert, wird das Schiff an zwölf Stellen gleichzeitig an Pollern vertäut, die tatsächlich so aussehen wie Mammutversionen der allseits bekannten verkehrsabweisenden Elemente. Aus irgendeinem Grund heißen diese touristenkopfdicken Trossen bei der Crew immer noch «Leinen».

Was sich mit Worten kaum beschreiben lässt, sind die surrealen Dimensionen des Ganzen – das Schiff, die Leinen, die Poller, der Kai, die kolossale Lapislazuli-Kuppel des Himmels. Die Karibik ist, wie immer, geruchlos. Nur die millimetergenau verlegten Holzplanken von Deck 12 riechen so würzig wie in der Sauna.

Aber von hoch oben zuzusehen, wie die eigenen Landsleute auf teuren Sandalen in bettelarme Hafenstädte wackeln, gehört nicht zu den erhebenden Augenblicken einer 7NC. Den amerikanischen Touristen, ganz besonders in der Gruppe, umgibt die Aura eines Herdentiers, eine geradezu *bovine* Ausstrahlung in seiner unersättlichen Selbstgefälligkeit. Oder besser: unserer. In jedem Hafen werden wir automatisch zum *Peregrinator americanus*, zu amerika-

---

79 Dieser Anker ist gigantisch und wiegt bestimmt um die hundert Tonnen. Mich freut aber, dass er äußerlich jenen Ankern gleicht, die man z. B. als Tattoo bewundern kann.

nischen hoi poloi. *The Ugly Ones* – das sind wir. In meinem Fall ist *Boviscopophobie*[80] noch ein weit stärkeres Motiv, an Bord zu bleiben, als meine agoraphobische Veranlagung. Der Anblick meiner Landsleute vor der poweren Kulisse vermittelt mir das bohrende Gefühl einer unausweichlichen Komplizenschaft. Ich bin zwar bisher kaum aus den US of A hinausgekommen und ganz bestimmt nicht als Teil einer Upper-Class-Touristenmeute, aber sogar hier oben auf Deck 12 werde ich unangenehm daran erinnert, dass ich Weißer bin, ein Weißer inmitten lauter nichtweißer Menschen. Ich kann mir gut vorstellen, welchen Eindruck wir aus Sicht gelassener Jamaikaner oder Mexikaner[81] oder gar der nichtweißen Service-Knechte an Bord der *Nadir* hinterlassen. Die ganze Woche habe ich vor der

---

80 (= die Angst, als *bovines* Herdentier angesehen zu werden)

81 Ich frage mich, ob die anderen Nadiriten nicht denselben Selbstekel empfinden wie ich. Manchmal denke ich, sie sind viel zu vernagelt in ihrer bovinen Zufriedenheit, als dass sie etwas von den abschätzigen Blicken der Straßenhändler, Schnappschussfotografen und Service-Knechte mitkriegen. Dann wieder scheint mir, dass sie sich sehr wohl unbehaglich fühlen in ihrer Rolle als bovine US-amerikanische Reichis, genauso unbehaglich wie ich, aber dass sie ihre Boviscopophobie bewusst ausblenden. Sie haben gutes Geld für diese Reise bezahlt und lassen sich ihren Spaß nicht vermiesen. Sie wollen fremde Länder sehen, und das mit größtmöglicher Bequemlichkeit. Und sie wollen verdammt sein, wenn ihnen solche neurotischen Bedenken nicht am Arsch vorbeige-

Besatzung alles getan, um mich von der bovinen Herde, zu der ich ja nun einmal gehöre, zu distanzieren und gewissermaßen loszusagen. Ich boykottiere Kameras und Sonnenbrillen und Hawaiihemden. In der Cafeteria trage ich mein Tablett demonstrativ selbst und bedanke mich überschwänglich für jede noch so kleine Handreichung. Und weil viele meiner Mitpassagiere das Personal, das selten gut Englisch spricht, extra laut anbellt, lege ich großen Wert darauf, besonders leise mit diesen Leuten zu reden.

Um 8:00 Uhr schweben nur noch zwei kleine Wölkchen an einem Himmel, der so blau ist, dass es schmerzt. Bisher habe ich in den Häfen nur bedecktes Wetter erlebt. Dann gewinnt die steigende Sonne an Kraft, vertreibt die Wolken, und etwa eine Stunde lang erscheint der Himmel wie zerfasert. Gegen 10:35 Uhr öffnet sich über mir, einem ungeheuren Auge gleich, endloses Blau – und bleibt so bis in die Mittagsstunden, wobei ein, zwei Wolken immer mit dabei sind, so, als wollten sie einem die Größenverhältnisse verdeutlichen.

Während sich das andere hellweiße Megaschiff langsam an die Kaimauer schiebt, herrscht unter den Hafenarbeitern mit ihren Walkie-Talkies und Trossen ameisenhafte Aktivität.

hen. Sie haben hart gearbeitet, sie haben gespart für diese 7NC-Luxus-Kreuzfahrt, sie haben es sich verdient – egal, wie der American Way of Life bei ein paar einheimischen Hungerleidern rüberkommt.

Am späten Morgen rücken die isolierten Wolken allmählich aufeinander zu, ehe sie sich nachmittags zusammenschließen wie Puzzleteile. Gegen Abend ist das Puzzle fertig, und der Himmel hat die Farbe alter Silbermünzen.[82]

Natürlich entspringen gerade die Distanzierungsversuche meinerseits einem komplexen und teilweise ziemlich arroganten Selbstdarstellungsprogramm, das wiederum typisch ist für die amerikanische Oberschicht. Diesem inneren Konflikt entgehe ich auf dieser Reise keine Minute. Denn was ich auch tue, ich bin und bleibe eben Amerikaner, und das ist nicht immer angenehm. Seinen Höhepunkt erreicht dieses Dilemma regelmäßig in den Häfen, in denen die *Nadir* festmacht. Egal, ob unten im Gewusel des Hafens oder ganz oben an der Reling von Deck 12, ich werde das dumme Gefühl nicht los, dass ich ein amerikanischer Tourist bin und dadurch per se ein stiernackiger, lauter, vulgärer, großkotziger Fettsack, eitel, verwöhnt, gierig und zugleich gepeinigt von Scham und Verzweiflung. In diesem Sinne ist der amerikanische Tourist wirklich einzig auf der Welt: ein bovines Herdentier *und* ein Fleischfresser.

Hier wie in den anderen Häfen auch umschwärmen

82 Die Wolken morgens und abends waren ein festes Muster. Überhaupt waren drei von meinen sieben Tagen eindeutig keine Sonnentage, und geregnet hat es auch. Der Freitag in Key West zum Beispiel war total verregnet, aber wie gesagt: Dafür kann man Celebrity Cruises Inc. kaum verantwortlich machen.

Jet-Skis die Nadir, diesmal etwa ein halbes Dutzend. Jet-Skis sind die Moskitos der Karibik, sie sind klein, lästig und allgegenwärtig. Der Lärm, den sie verursachen, ist eine Mischung aus Kettensäge und Gurgeln. Ich habe noch nie auf einem Jet-Ski gesessen, ich weiß nur, dass sie mich nerven. Irgendwo habe ich gelesen, dass Jet-Skis unheimlich unfallträchtige Geräte sind, und aus dieser Information ziehe ich einen gewissen, niederträchtigen Trost, während ich zusehe, wie blonde Typen mit Waschbrettbauch und Sonnenbrille (an fluoreszierenden Kettchen!) ihre Runden drehen und schäumende Hieroglyphen in die See malen.

Statt nachgemachter Piratenschiffe kreuzen Glasbodenboote vor den Korallenbänken von Cozumel. Schwerfällig zerteilen sie das Wasser, denn sie sind entsetzlich überladen mit Kreuzfahrern, die sich die *Organized Shore Excursion* nicht entgehen lassen wollen. Was mir aber an dem Anblick gefällt, ist, dass sie alle – und es sind über hundert Leute pro Boot – wie zum Gebet den Kopf gesenkt haben und nach unten schauen. Alle bis auf den Mann am Steuer, der, wie sämtliche Fahrer von Massentransportmitteln auf dieser Welt, den Blick gleichgültig in das ewig gleiche Nichts gerichtet hat.[83]

83 Einen weiteren Dämpfer erhält mein Selbstbewusstsein, wenn ich mir ansehe, wie gelangweilt die Einheimischen mit amerikanischen Touristen umgehen. Jawohl, wir *langweilen* sie, und das ist schlimmer, als wären wir ihnen einfach nur widerwärtig.

Ein Parasailing-Schirm hängt regungslos über dem Backbord-Horizont, und an dem Schirm hängt ein Strich-männchen.

Der Handtuchmann von Deck 12/achtern, ein geister-hafter Tscheche mit tief liegenden, düster verschatteten Augen, steht steif und ausdruckslos an seinem Wagen und spielt eine Art Schnick-Schnack-Schnuck mit sich selbst. Ich weiß mittlerweile, dass der Handtuchmann von Deck 12/achtern für journalistische Annäherungsversuche voll-kommen unempfänglich ist und mich jedes Mal, wenn ich ein frisches Handtuch hole, mit geradezu vernichtender Neutralität ansieht. Ich verteile frisches ZnO auf meiner Nase. Captain Video filmt gerade mal nicht, peilt jedoch durch ein mit beiden Händen gebildetes Rechteck den Hafen. Man sieht auf den ersten Blick, dass er Selbst-gespräche führt. Das andere Megaschiff legt jetzt direkt ne-ben uns an, ein Vorgang, der anscheinend ein weltunter-gangsmäßiges Getute erfordert. Herzerfrischend hingegen eine andere Hafenszene und zugleich Programmpunkt im 7NC-Veranstaltungskalender: Im lagunenflachen Wasser etwas weiter draußen erlernt eine Gruppe von Nadiriten das Schnorcheln. Ich sehe gut 150 meiner Landsleute kiel-oben und reglos auf den Wellen treiben. Sie üben Toter Mann, so viel ist klar, aber das Ganze wirkt dennoch ziem-lich echt und wie das Resultat einer Schiffskatastrophe, zumindest von meiner Warte aus. Ich habe es aufgegeben, in einem Hafen nach Rückenflossen Ausschau zu halten. Offenbar haben Haie wenig Sinn für Ästhetik und lassen sich so gut wie nie in Häfen blicken, obwohl ein paar Jamaikaner allerhand Geschichten zum Besten geben, dass Barrakudas gerne auf einen Sprung vorbeikommen und dabei mit chirurgischer Lakonie schnell mal ein Bein mitnehmen. Auch gibt es in karibischen Häfen so gut wie keinen Tang, kein Glaskraut, kaum Algenschlamm oder was sonst noch alles in einem richtigen Meer wuchert. Womöglich fischen Haie lieber im Trüben, denn hier würden sie von potenziellen Opfern ohnehin früh erkannt.

Da wir gerade von Karnivoren reden, die beiden Carnival-Kreuzer *Ecstasy* und *Tropicale* ankern auf der gegenüberliegenden Seite des Hafenbeckens, und ich habe den Eindruck, dass dies den anderen Schiffen nur recht ist. Die Decks der Carnival-Schiffe sind meist von jungen Leuten bevölkert, die von weitem alle leicht zu pulsieren scheinen, ähnlich wie ein Basslautsprecher. Die Gerüchte über Carnival sind Legion, schwimmende Abschlepp-Bars werden sie genannt, die nachts durch das vereinte Quietsche-Quietsch der Betten regelrecht ins Schaukeln geraten. Glücklicherweise, möchte ich sagen, kennt man auf der *Nadir* derlei Schamlosigkeiten nicht. Ich bin nämlich inzwischen zum 7NC-Snob gereift, der, sobald der Name Carnival oder Princess fällt, ob des Klassenunterschieds das Gesicht verzieht, genauso wie Trudy und Esther es mir vorgemacht haben.

Aber egal, da liegen sie, die *Ecstasy* und die *Tropicale*, aber zumindest in sicherer Entfernung. Denn gleich nebenan macht jetzt die *Dreamward* fest – in den Farben

Weiß und Pfirsich, was vermutlich bedeutet, dass das Schiff zur Norwegian-Cruise-Line-Flotte gehört. Die Deck-3-Gangway der *Dreamward* liegt auf derselben Pier auf wie unsere, ja, sie berührt sie beinahe, was irgendwie obszön aussieht. Die *Dreamward*-Passagiere gleichen in allen wichtigen Punkten denen der *Nadir*, und genauso strömen sie jetzt die Gangway hinab. In dünner Kolonne wie durch ein Tal der Schatten wackeln sie über die Pier, denn die hochragenden Bordwände zu beiden Seiten scheinen sie einzuengen, sodass sich der Treck endlos hinzieht. Und mancher dreht dabei den Kopf nach oben und staunt über die Größe dieses Etwas, das ihn gerade ausgespuckt hat. Captain Video, der sich so weit über die Backbord-Reling gelehnt hat, dass nur noch die Spitzen seiner Sandalen das Deck berühren, filmt, wie *Dreamward*-Passagiere zu uns emporschauen. Worauf nicht wenige von ihnen selber zum Camcorder greifen und zurückfilmen – ein medialer Schlagabtausch, der mir vorkommt wie aus einem Stück postmoderner Installationskunst.

Und da die *Dreamward* nun einmal direkt neben uns liegt, fast Bullauge an Bullauge, Deck an Deck,[84] haben die agoraphoben Hafenviertel-Vermeider Gelegenheit, sich auf ähnliche Weise zu mustern wie zwei tiefer gelegte Mustangs an einer roten Ampel. Das heißt, hier wird verglichen. Ich spüre die Blicke der *Dreamward*-Glotzer. Ihre

---

84 (hundert Meter Abstand bedeuten bei diesen Riesenpötten gar nichts)

Gesichter glänzen vor Sunblocker. Die *Dreamward* ist auf eine Art weiß, welche die *Nadir* fast beige aussehen lässt, und der Bug ist schnittiger. Die Wasserlinie ist in einem leuchtenden Pfirsichton gehalten, ebenso wie die Sonnenschirme an den Pools von Deck 11.[85] Unsere Sonnenschirme sind orange, was mir bei den *Nadir*-Grundfarben Blau und Weiß immer schon komisch vorgekommen ist. Aber jetzt weiß ich, es ist nicht nur komisch, sondern regelrecht billig. Überhaupt verfügt die *Dreamward* auf Deck 11 nicht nur über mehr Pools als die *Nadir*, sie hat dazu noch ein Schwimmbecken auf Deck 6. Ferner verrät dessen klare, chlorblaue Farbe, dass sich in den Pools der *Dreamward* sauberes Süßwasser befindet und nicht diese stets leicht schmuddlige Seebrühe wie in den beiden kleinen Becken der *Nadir*, was im Celebrity-Katalog übrigens auch nicht so rauskommt.

Von oben bis unten sind die *Dreamward*-Kabinen mit kleinen Balkonen ausgestattet – für den ganz individuellen Open-Air-Seeblick. Auf Deck 12 befindet sich ein Basketballfeld mit farblich abgestimmten Netzen und einem Backboard so weiß wie eine Hostie. Ich stelle fest, dass an *jedem* der eine Myriade Handtuchwagen auf Deck 12 ein eigener Handtuch-Mann postiert ist und dass dieser Handtuch-Mann von unverkennbar nordischer Herkunft

---

85 Auf allen 7NC-Megaschiffen bildet das Deck 12 eine Art rundes Vordach über Deck 11, wo die mit Plexiglaswänden geschützten Schwimmbecken liegen.

ist, statt wie bei uns aus Transsilvanien, und auch nicht diese neutral-gelangweilte Miene zur Schau stellt.

Fazit: Während ich hier neben Captain Video an der Reling stehe, verspüre ich auf einmal einen sengenden Neid auf die von der *Dreamward*. Die Räumlichkeiten im Innern stelle ich mir nicht nur sauberer vor als unsere, sondern auch größer und prunkvoller ausgestattet. Und das Essen ist natürlich noch abwechslungsreicher und mit noch mehr Liebe zum Detail zubereitet, der Andenkenladen an Bord weniger teuer, das Casino weniger deprimierend, das Unterhaltungsprogramm weniger bräsig und das Pfefferminzschokolädchen auf dem Kopfkissen weniger klein. Im Vergleich zu den Bankschalter-Bullaugen auf der *Nadir* markiert so ein Privatbalkon doch eine ganz neue Dimension der Kreuzfahrt. Und ich meine, wenn ich schon über eine Mega-Erfahrung namens 7NC schreiben soll, dann läuft ohne eigenen Balkon eigentlich gar nichts.

Minutenlang versuche ich mir vorzustellen, wie so ein *Dreamward*-Badezimmer wohl aussieht. Ich stelle mir vor, dass die Mannschaftsquartiere jedermann offen stehen, der sich mit den Leuten mal ganz zwanglos unterhalten will, und dass diese Leute aufrichtig nett sind und daneben Literaturwissenschaft studiert haben und mir ihre reinlich geschriebenen Seetagebücher überlassen, in denen ich hübsche Klabauter-Geschichten finde und coole 7NC-Anekdoten, so was in der Art. Ich stelle mir vor, der Hotel-Manager der *Dreamward* ist ein leutseliger Norweger mit Norwegerpullover, der beruhigend nach Borkum Riff riecht und keine Sonnenbrille trägt und nicht so arrogant ist, sondern vielmehr alle Zutritt-verboten-Hydraulik-türen ganz weit aufreißt, auf dass ich sehe, was das Schiff im Innersten zusammenhält, die Brücke, die Küche, die Unterdruck-Abwasser-Anlage, und der mir alles zeigt und obendrein mit unkonventionellen, zitierfähigen Antworten aufwartet, ehe ich die Fragen auch nur gestellt habe. Und Erbitterung keimt in mir ob der Geizhälse von *Harper's Magazine*, die für mich die *Nadir* gebucht haben statt die *Dreamward*. Und ich veranschlage schon mal den Abstand, der springend/hangelnd zu überwinden wäre, wollte ich jetzt zur *Dreamward* wechseln. Das Kapitel, in denen ich mein Bravourstück schildere, habe ich schon so gut wie im Kopf, und im Vergleich dazu sähe sogar ein William T. Vollmann blass aus.

Während ich diesen finsteren Gedanken nachhänge, bezieht sich der Himmel mit der üblichen Après-midi-Wolkendecke. Ich leide an einer Illusion, von der ich weiß, dass es eine Illusion ist: Ich leide an einem durch nichts begründeten Neid auf die Passagiere der *Dreamward*. Mehr noch, für mich gehört dieser Neid zu einem ganzen Dissatisfaktions-Syndrom, das sich mit jedem Tag der Reise weiter ausbreitet – eine Art persönliche Mängelliste, eine Aufstellung von Unzulänglichkeiten, die, anfangs kaum der Rede wert, inzwischen jedoch fast ein Grund zur Verzweiflung sind. Ich weiß, dass die Ursache hierfür nicht in der allmählichen Gewöhnung an den *Nadir*-Luxus zu suchen ist, ja, dass meine Unzufriedenheit primär gar nichts mit der *Nadir* zu tun hat, sondern ausschließlich mit mir, besser: mit meiner uramerikanischen Reaktion auf die Totalverhätschelung an Bord und dem unzufriedenen Kind in mir, das immer *noch* mehr will. Es ist keine vier Tage her, da war es mir *peinlich*, den Cabin-Service in Anspruch zu nehmen, so peinlich, dass ich alle meine Arbeitsmaterialien auf dem Bett verteilte, um dadurch den Anschein von Überarbeitung und verpassten Mahlzeiten zu erwecken. Gestern Abend jedoch ertappe ich mich dabei, wie ich nach fünfzehn Minuten verärgert auf die Uhr schaue und mich frage, wo zum Teufel der Kerl mit dem verdammten Tablett bleibt. Und wo wir schon einmal dabei sind, die Sandwichs kommen mir inzwischen doch reichlich klein vor, und die Steuerbordrinde ist schon ganz aufgeweicht von den Dillgurken[86], und der Korridor draußen vor 1009 ist derart schmal, dass man nicht einmal sein Tablett rausstellen kann, wenn man fertig ist, sodass die an sich geruchlose Kabine am nächsten Morgen nach gammeligem Meerrettich riecht, was mich an Tag 5 meiner angeblichen Luxus-Kreuzfahrt ganz schön deprimiert.

Conroy und allen Todesverleugnungsstrategien zum Trotz sind wir jetzt in der Lage, jene große Lüge zu durchschauen, die dem Celebrity-Katalog zugrunde liegt: nämlich das Versprechen, das Kind in mir immer und immer

---

86 (Ich hasse Dillgurken, aber Celebrity Cruises weigert sich hartnäckig, diese durch normale Gurken oder Butterflocken zu ersetzen.)

wieder voll zufrieden zu stellen. Wohlgemerkt, es geht nicht darum, ob Celebrity dieses Versprechen hält oder nicht, sondern ob es überhaupt *einhaltbar* ist. Ich behaupte, ein solches Versprechen kann nur gelogen sein.[87] Was nicht bedeutet, dass ich selbst nicht allzu gern daran glaubte. Jawohl, ich sage: Scheiß auf Buddha und seine Vier edlen Wahrheiten. Ich will verwöhnt werden, und ich nehme die Celebrity-Leute beim Wort: Wenigstens dieses eine Mal soll es der ultimative Traumurlaub werden, ein einziges Mal soll dem ganzen Luxus so was von nichts hinzuzufügen sein, dass sogar das ewig quengelnde Kind in mir zufrieden ist.[88]

Doch leider ist *mein* Inneres Kind unersättlich, denn sein einziger Daseinszweck besteht a priori in seiner Unersättlichkeit. Sobald ein bestimmtes Zufriedenheits-Level erreicht ist, wird die Latte gleich ein bisschen höher gelegt,

87 Es ist, wenn man es so bedenkt, wirklich die 7NC-Lüge schlechthin.

88 Die Wunschphantasie, die sie uns verkaufen, ist auch der Grund dafür, warum auf den Bildern im Katalog ein Gesichtsausdruck vorherrscht, der irgendwo zwischen orgiastischer Begeisterung und totaler Entspannung angesiedelt ist – das mimische Äquivalent zu einem genießerischen «*Aaaahhhh*». Aber der Ausruf gibt offenbar nicht nur das zufriedene Grunzen unseres Inneren Kindes über einen Zustand totaler Bedürfnisbefriedigung wieder, sondern auch die Erleichterung des Äußeren Erwachsenen darüber, dass das Kind nun endlich die Schnauze hält.

David Foster Wallace

und das Kind gibt keine Ruhe, bis auch dieser höhere Level erreicht ist – und sich prompt als schreckliche Enttäuschung entpuppt. Bereits nach wenigen schwelgerischen Tagen auf der *Nadir* setzt Gewöhnung ein, und das Kind, das immer nur haben-haben-haben will, meldet sich verstärkt zurück. Am Mittwoch (Iden des März) steht für mich fest, dass die Klimaanlage in meiner Kabine *pfeift* (und zwar laut), und ich registriere mit Erbitterung, dass ich zwar die Reggae-Lalle in meiner Kabine abschalten kann, nicht aber die (weit penetranteren) Lautsprecher auf dem Korridor von Deck 10/Backbord. Und mir ist auch keineswegs entgangen, dass der Aufhilfskellner von Tisch 64 zwischen den Gängen zwar die Brotkrümel entfernt, aber niemals *alle* Brotkrümel. Und nachts, die lockere Schublade in meinem Superschrank 2000 ... rattert wie ein Presslufthammer. Und wenn Petra, meine Seeräuber-Jenny, das Bett macht, dann sind die umgeschlagenen Enden niemals *ganz* gleich ausgerichtet. Und mein Schmink-/Schreibtisch hat an der rechten Kante einen haarfeinen Sprung im Email, der aussieht wie ein Paar Schamlippen – und den ich jedes Mal ein bisschen mehr hasse, wenn morgens beim Aufwachen mein Blick darauf fällt. Und das Live-Programm von Celebrity Showtime in der Celebrity Show Lounge ist so schlecht, dass sich in mir alles zusammenkrampft. Und das Seestück an einer Wand von 1009 ist Kaufhauskunst vom Übelsten, und leider kann man es weder abhängen noch umdrehen, weil es festgenietet ist. Und das Conditioning-Shampoo von Caswell-

Massey erweist sich als klebriger und ausspülresistenter als die meisten anderen Shampoos. Und die Eis-Skulpturen am Midnight-Buffet wirken zuweilen doch recht lieblos zurechtgedengelt. Und das Gemüse, das zum Hauptgericht gereicht wird, ist regelmäßig zerkocht. Und warum kommt aus dem Kaltwasserhahn von Kabine 1009 eigentlich niemals *richtig kaltes* Wasser?

Und so stehe ich auf Deck 12 und schaue zur *Dreamward* hinüber, wo das Wasser, falls gewünscht, garantiert so kalt aus dem Hahn strömt, dass man davon blaue Finger bekommt. Zugegeben, ähnlich wie Frank Conroy ist mir in Teilen durchaus bewusst, dass ich seit einer Woche keinen Teller mehr gespült oder an der Supermarktkasse angestanden habe, wo der Vordermann erst mal einen ganzen Haufen Gutscheine aus der Tasche kramt. Und trotzdem fühle ich mich kein bisschen erholt, im Gegenteil, jetzt, wo bereits die vorzeitige Entsorgung eines Handtuchs durch einen geisterhaften Celebrity-Bediensteten einen Eingriff in meine Grundrechte darstellt, wollen mir die Anforderungen des gewöhnlichen Alltags sogar doppelt stressig und unangenehm vorkommen. Und überhaupt, dass die Aufzuganlage im Heckbereich so fürchterlich lahm ist, ist ein Skandal. Und dass auf dem Kurzhantelständer im Olympic Health Club die 10-Kilo-Hanteln fehlen, ist ein persönlicher Affront. Und während ich langsam nach unten gehe, entwerfe ich in Gedanken eine geharnischte Fußnote über das in meinen Augen größte Ärgernis an Bord der *Nadir*, nämlich dass man für Cola und Limonade immer noch extra bezahlen muss, sogar beim Essen. Und nicht nur das, man muss sich seine *Mr. Pibb*-Cola sogar extra bei einer der radebrechenden Cocktail-Kellnerinnen bestellen, geradeso, als wäre es ein gottverdammter Slippery Nipple. Und dann darf man auch direkt die Rechnung dafür unterschreiben, und die hat es in sich. Jawohl, sie stellen einem jede blöde Cola in Rechnung! Und dabei haben sie noch nicht einmal *Mr. Pibb*, sondern speisen einen mit einem *Dr. Pepper* ab, wo doch jeder Idiot weiß, dass ein *Dr. Pepper* nie und nimmer ein Ersatz für ein *Mr. Pibb* sein kann. Und bei genauerer Betrachtung muss man sagen, das Ganze ist ein gottverdammter Witz – wenn's nicht so traurig wäre und unterm Strich einfach das Hinterletzte.[89]

89 Nein, das ist jetzt nicht die oben angekündigte geharnischte Fußnote, aber die Cola-Angelegenheit führt uns direkt in eines der tiefsten Mysterien der gesamten christlichen Kreuzfahrerei, nämlich die Frage, wie man mit einer 7NC überhaupt Geld verdienen kann. Laut *Fieldings's Worldwide Cruises 1995* erbringt die *Nadir* pro Passagier und Tag im Schnitt einen Umsatz von 275 Dollar. Aber wenn man die Kosten dagegen hält, kann einem schwindlig werden. Allein der Bau der *Nadir* im Jahr 1992 verschlang 250 Millionen Dollar. Kommen hinzu 600 Angestellte, von denen zumindest die oberen Etagen Gehälter im sechsstelligen Bereich kassieren (woran für mich kein Zweifel besteht, wenn man den schnöseligen Umgangston des griechischen Kontingents bedenkt). Kommen hinzu gigantische Treibstoffkosten, Hafengebühren, Versicherungen und Sicherheitseinrichtungen, Satellitennavigation und -kommunikation, computergesteuerte Ruder-

anlage, ein High-Tech-Abwassersystem usw., wobei der ganze Luxus noch nicht mal mit drin ist, eine Einrichtung vom Feinsten mit all den Kronleuchtern, der Messingverkleidung der Decken usw., die drei Dutzend Leute, die kaum mehr zu tun haben, als zweimal pro Woche ihre Bühnenshow abzureißen, der Küchenchef, die Hummer, die Trüffel aus der Toskana, die stets frischen und gut gefüllten Obstkörbe, die Pfefferminztäfelchen in feiner Zartbitterschokolade ... Selbst bei konservativer Rechnung haut das kaum hin. Und trotzdem zeigt die schiere Zahl verschiedener Kreuzfahrtlinien, dass im 7NC-Geschäft offenbar hohe Gewinne zu erzielen sind. Allerdings waren die Auskünfte der Celebrity-Pressedame Mrs. Wiessen, obschon mit Genuss anzuhören, einmal mehr wenig sachdienlich. Zitat:

«Die Antwort auf Ihre Frage, wie Celebrity Cruises ein derart hochklassiges Produkt zu so erschwinglichen Preisen anbieten kann, liegt allein im Management. Celebrity Cruises hat stets den Finger am Puls der Bedürfnisse der Gäste und übersieht nicht das geringste Detail.»

In Wahrheit liegt es teilweise sicher am Getränkeumsatz. Unter betriebswirtschaftlichen Gesichtspunkten funktioniert das so ähnlich wie bei Kinos. Wenn man hört, wie viel Prozent von jeder verkauften Kinokarte an den Verleih zurückfließt, fragt man sich auch, wie so ein Lichtspielhaus überleben kann. Doch den Kartenverkauf allein darf man nicht rechnen, das eigentliche Geld wird am Erfrischungsstand gemacht.

Auf der *Nadir* werden Unmengen an Getränken verkauft. Spezielle Kellnerinnen in Khaki-Shorts und Celebrity-Augenschirmen stehen immer und überall bereit, Bestellungen entgegenzunehmen – am Pool auf Deck 12 ebenso wie bei den Mahlzeiten oder während des Showprogramms oder beim Bingo. Und schon eine kleine Cola kostet zwei Dollar, was man allerdings nicht sofort bezahlt, sondern zunächst nur mit seiner Unterschrift. (Das dicke Ende kommt dann am letzten Abend, wenn sie einem die Gesamtrechnung um die Ohren hauen.) Für exotische Cocktails wie Wallbangers oder Fuzzy Navels muss man bis zu 5,50 Dollar hinlegen. Die *Nadir* verzichtet auf billige Tricks wie stark gesalzene Suppen oder strategisch verteilte Schalen mit Salzgebäck, vielmehr ist es die allgemeine Atmosphäre von Überfluss und einer nicht enden wollenden Party – Motto: «Sie haben es sich verdient!» –, die hier den Wein in Strömen fließen lässt. (Dafür sorgen schon die allgegenwärtigen Sommeliers, und der Preis für eine anständige Flasche zum Abendessen ist happig.) Eine kleine Umfrage unter den Gästen ergab, dass mehr als jeder Zweite am Ende mit einer Getränkerechnung von über 500 Dollar rechnete. Und wer auch nur ein bisschen von den Gewinnspannen in der Gastronomie versteht, weiß, wieviel da bei 500 Dollar hängen bleiben. Eine weitere Quelle der Wertschöpfung (und meiner Verärgerung): Trinkgeld. Für viele Serviceleistungen wird am Ende der Reise Trinkgeld erwartet, es ist fester Bestandteil des Lohns. Bleibt es aus, sind die Serviceerbringer die Gearschten. (Wiederum kein Wort davon im Celebrity-Katalog.) Außerdem sind längst nicht alle Unterhaltungsangebote an Bord kostenlos, vieles wird von freien Agenturen organisiert, welche die entsprechenden Künstler an die *Nadir* ausleihen, so zum Beispiel die *Matrix Dancers* mit ihren diversen Bühnenshows und ihrem *Electric-Slide-* und Ententanz-Unterricht.

Ein weiterer Franchisenehmer ist das Mayfair Casino auf Deck 8. Es gehört zu einer größeren Glücksspiel-Firma, die an Celebrity wöchentliche Nutzungsgebühren plus einen nicht näher genannten Gewinnanteil überweist. Dafür darf diese Firma ihre atemberaubenden Dealerinnen und Vier-Deck-Schlitten auf Passagiere hetzen, denen die Regeln von Blackjack und Caribbean Stud Poker gerade einmal aus einem «Lehrvideo» bekannt sind, das Tag und Nacht auf einem der *At-Sea*-TV-Kanäle läuft. Ich war nicht allzu oft im Casino. Die über siebzigjährigen Großmütter, die dort starren Blicks die zwitschernden Automaten mit Quarters fütterten, waren irgendwie nicht mein Fall. Aber ich war immerhin lang genug dort, um mir auszurechnen, welchen Riesenbatzen Geld Celebrity selbst bei einem nur zehnprozentigen Anteil einstreicht.

13

Jeden Abend, wenn Petra, der Kabinensteward von
Deck 10, das Bett aufschlägt, hinterlässt sie auf dem Kissen – neben einem allerletzten hauchdünnen Pfefferminztäfelchen in Zartbitterschokolade und der sechssprachigen
Gute-Nacht-und-träumen-Sie-schön-Karte von Celebrity – eine kleine, vierseitige Bord-Postille, blaue Schrift auf
weißem Büttenpapier, der *Nadir Daily*. Der *Nadir Daily*
enthält allerlei Historisches über die nächsten Zielhäfen,
Vorschläge für *Organized Shore Excursions* und informiert
über Aktionstage im Andenkenladen. Hinzu kommen
strenge, aber dämlich formulierte Verlautbarungen mit
Überschriften wie QUARANTÄNE AUF TRANSIT
VON NAHRUNGSMITTELN oder MISSBRAUCH
VON BETÄUBUNGSMITTELGESETZ VON 1972.[90]

90 Textprobe: «Wir weisen alle Besucher von sämtlichen Inseln
[?] darauf hin, dass Einfuhr und Besitz von Rauschmitteln und
anderen illegalen Drogen einschließlich Marihuana eine STRAF-
BARE HANDLUNG darstellt. Die Strafen für Drogenvergehen
sind streng.» Die Informationsveranstaltung über Jamaika, eine
der so genannten *Port Lectures*, bestand zur Hälfte aus abschre-
ckenden Geschichten über hinterhältige Drogendealer, die einem
erst ein paar Gramm lausiges Gras verkaufen und dann zum nächsten Polizisten rennen, um die Belohnung zu kassieren. Und die
Verhältnisse in den örtlichen Gefängnissen spotten, wie man
hört, jeder Beschreibung.
     Die Drogenpolitik an Bord bleibt dagegen reichlich diffus.

Heute ist Donnerstag, der 16. März. Es ist 7:10 Uhr, und ich sitze allein im 5*C.R. Dies ist der erste Frühstückstermin, genannt *Early Seating Breakfast*, aber Kellner und Commis von Tisch 64 sind bereits aktiv.[91] Wir befinden uns mittlerweile wieder auf Heimatkurs Richtung Key West, und heute ist einer von zwei reinen «Seetagen», an

Obwohl immer ein halbes Dutzend humorlos-ungeschlachter Security-Leute an der Gangway stehen, wenn man von Land zurückkehrt, wurde noch niemand durchsucht. Allerdings gab es für mich auch nie den kleinsten Hinweis für ein Drogenproblem auf der *Nadir*. In puncto Drogen verhält es sich vermutlich ähnlich wie mit Sex: Die Gästeschaft ist einfach nicht danach. Jedoch muss es in der Vergangenheit einschlägige Vorfälle gegeben haben, denn am Vorabend unserer Landung in Fort Lauderdale beschwört uns die Reiseleitung eindringlich, alle illegalen Substanzen entweder über Bord oder ins Klo zu werfen, indes versehen mit der schönen Versicherung, dass dieser Ratschlag ohnehin keinen im Saal betreffe. Offenbar behandelt der Zoll in Fort Lauderdale heimkehrende Kreuzfahrer nicht anders als Kleinstadt-Cops auswärtige Temposünder in teuren Importwagen. Vor mir in der Reihe meinte ein erfahrener 7NC-Zollkontrollschlangen-Veteran sogar zu einem aus der texanischen Studentengruppe: «Junge, wenn einer dieser Köter an deiner Tasche stehen bleibt, dann bete zu Gott, dass er nur sein Bein hebt.»

91 Es ist mir ein Rätsel, wann diese Leute je schlafen. Jeden Abend bedienen sie am Midnight-Buffet, räumen anschließend noch ab, stehen jedoch ab 6:30 Uhr am darauf folgenden Morgen in frisch gereinigten Anzügen wieder im 5*C.R. und sehen dabei so proper aus wie nur irgendwas.

denen sich das Bordleben förmlich überschlägt. Mit dem *Nadir Daily* in der Hand – er wird mein Reiseführer sein –, verlasse ich Kabine 1009 voraussichtlich für einen Zeitraum von weit über einer halben Stunde und stürze mich ins Organisierte Vergnügen mit dem Ziel, genau Buch zu führen über alle wesentlichen Veranstaltungen, die dem Passagier so geboten werden.

6:45 Uhr: Ein dreifacher Gong aus dem Lautsprecher und eine unaufgeregte Frauenstimme wünscht einen guten Morgen, sagt Datum und Wetterbericht an usw. Sie spricht ein weichgespültes Englisch, wiederholt das Ganze auf Französisch mit Elsässer Akzent und dann auch auf Deutsch. Selbst auf Deutsch gelingt ihr ein geradezu postkoitales Timbre. Das ist nicht mehr die Durchsagestimme von Pier 21, aber sie verfügt über genau die gleiche edle Präsenz wie ein teures Parfum.

6:50–7:05 Uhr: Duschen, Heizefeiz vor Spiegel mit Alisco-Sirocco-Föhn, Lüftungsanlage & Haaren. Danach gelesen: *Furchtlos in den Tag: Brevier für Angsthasen.* Anschließend mit Leuchtstift den *Nadir Daily* durchgegangen.

7:08–7:30 Uhr: Früh-Frühstück an Tisch 64 in 5*C.R. Die anderen haben gestern Abend angekündigt, dass sie heute Morgen ausschlafen und später im Windsurf Café einen Happen essen wollen, also sitze ich allein an dem großen runden Tisch neben einem der Steuerbord-Fenster.

Wie bereits erwähnt, der Kellner von Tisch 64 heißt Tibor. Für mich persönlich ist er «*The Tibster*», was ich aber nicht laut sage. Tibor hat für mich Artischocken und Hummer zerlegt und mir beigebracht, dass Fleisch auch dann schmecken kann, wenn es *nicht* extra gut durch ist. Ich habe den Eindruck, wir haben uns irgendwie angefreundet. Er ist 35, dicklich, nicht einmal 1,65 Meter groß und bewegt sich mit jener vogelartigen Ökonomie, die man bei kleinen, behänden Dicken oft vorfindet. Tibor berät mich auch in allen Menüfragen, aber ohne jene Überheblichkeit, der man in Spitzenrestaurants sonst immer begegnet. Tibor ist allgegenwärtig, ohne um einen herumzuscharwenzeln oder einen zu bedrängen. Er ist freundlich, warmherzig und humorvoll, und ich mag ihn sehr. Er kommt aus Budapest und ist diplomierter Restaurantfachwirt von einer unaussprechlichen ungarischen Universität. Seine Frau erwartet zu Hause gerade ihr erstes Kind. Er ist Chef de rang bei sämtlichen Mahlzeiten von Tisch 64 bis 67. Er kann problemlos drei Tabletts gleichzeitig tragen und wirkt, anders als die meisten Abteilungskellner, niemals gehetzt oder überstrapaziert. Mir scheint, er nimmt seinen Beruf und das Wohl seiner Gäste sehr ernst. Sein Gesicht ist gleichzeitig rund und spitz und rosig. Sein Anzug weist nicht die kleinste Knitterfalte auf. Seine Hände sind weich und rosa, und die Haut über seinem Daumen ist so glatt wie die eines Kleinkinds.

Die Frauen von Tisch 64 finden ihn niedlich, aber das darf einen nicht täuschen. Hinter der Niedlichkeit ist er ein knallharter Profi. Er gehört zu denjenigen, die sich den Höchstleistungs-Anspruch der *Nadir* persönlich zu Eigen gemacht haben, und in diesem Punkt versteht er auch keinen Spaß. Nimmt man ihn hierin nicht ernst, trifft ihn das sehr, was er auch nicht verhehlt. Zum Beispiel an unserem zweiten Abend, dem Sonntag: Nach dem Hauptgang machte Tibor die Runde, um zu fragen, ob es geschmeckt habe. Wir alle hielten seine Frage zunächst für das übliche und herzlich bedeutungslose Kellner-Ritual und räusperten uns und antworteten entsprechend: «Ja doch, sehr gut. Wirklich, sehr gut.» Bis Tibor innehielt, uns mit schmerzvoller Miene ansah und mit leicht erhobener Stimme die Tischgesellschaft ansprach wie folgt: «Bitte. Ich frage jeden: war ausgezeichnet? Bitte. Wenn ausgezeichnet, Sie sagen, und ich bin glücklich. Wenn nicht ausgezeichnet, dann bitte nicht sagen ausgezeichnet. Dann lassen mich bringen in Ordnung, bitte.» Sätze, in denen nicht die Spur von Überheblichkeit oder Pedanterie mitschwang. Ihm war nur vollkommen ernst mit dem, was er sagte. Ein Gesicht wie ein offenes Buch. Und wir vernahmen's, und jedes steifleinene Getue war für immer gestorben.

Ihm zur Seite steht Wojtek, ein bebrillter Pole von 22 Jahren und über zwei Meter Körpergröße. Als Commis ist er zuständig für den Nachschub an Brot und Wasser sowie für die Krümelbeseitigung. Und wenn man nicht aufpasst und sich nicht schützend über den Teller beugt, kommt er mit seiner langen Pfeffermühle und würzt gnadenlos nach. Wojtek arbeitet ausschließlich mit Tibor zusammen, ihre gemeinsame Tätigkeit gleicht einem komplizierten Menuett, bei dem selbst die kleinste Drehung einem minutiösen Plan folgt. Dazwischen unterhalten sie sich in einem slawisch-deutschen Kauderwelsch, der ihnen durch langen kollegialen Umgang zugewachsen ist, und man sieht Wojtek an, dass er Tibor ebenso verehrt wie wir von Tisch 64.

An diesem Morgen trägt *The Tibster* eine rote Fliege und riecht dezent nach Sandelholz. Der erste Frühstückstermin ist die beste Gelegenheit, mit ihm ins Gespräch zu kommen, denn der Betrieb im 5*C.R. ist noch überschaubar, und er – seine Miene verrät es – muss sich nicht gleich zweiteilen, wenn er an meinem Tisch verweilt. Tibor weiß nicht, dass ich als verkappter Journalist auf der *Nadir* bin. Ich denke, ich habe es ihm verschwiegen, weil es ihn in einen Konflikt bringen würde. Und während unserer Frühstücks-Plaudereien frage ich ihn auch niemals nach irgendwelchen Hintergründen zu Celebrity oder der *Nadir*,[92] nicht aus Rücksicht auf die arschigen Anordnungen von Mr. Dermatitis, sondern weil ich es mir nie verzeihen könnte, wenn Tibor meinetwegen Ärger bekäme.

Tibors Ziel: Er möchte eines Tages nach Budapest[93] zurück und mit dem ersparten Geld eines dieser typischen

---

92 (außer nach genauen Beschreibungen aller Rückenflossen, die er im Umkreis der *Nadir* bisher gesichtet hat)

93 (in Tibors Aussprache: «Buda*pescht*»)

Kaffeehäuser eröffnen, wo er mit einer Spezialität namens Kirsch-Kaltschale aufzuwarten gedenkt. Es sind noch zwei Tage bis Fort Lauderdale, aber ich weiß schon jetzt, dass der *Tibster* von mir ein Trinkgeld bekommt, das weit über die empfohlenen 3,00 Dollar pro Tag[94] hinausgeht – was ich dadurch wieder hereinhole, dass ich unseren dubiosen Maître d' oder diesen widerwärtigen Schleimer von Sommelier (ein Kerl aus Sri Lanka und an Tisch 64 stets nur «der lila Geier» genannt) entsprechend schnöde abfinde.

8:15 Uhr: Katholische Messe mit Father DeSandre, Ort: Rainbow Room, Deck 8.[95]

Die *Nadir* verfügt über keine eigene Kapelle. Stattdessen klappt der Father im Rainbow Room eine Art Feldaltar auf. Der Rainbow Room befindet sich ganz hinten im Schiff und präsentiert sich in den Farben Lachsrosa und Herbstgelb, die untere Wandverkleidung ist aus polierter Bronze. Das Hinknien auf See erweist sich als schwierig. Es sind etwa ein Dutzend Leute anwesend. Das Licht kommt durch ein großes Backbordfenster und umstrahlt den Father von hinten. Dankenswerterweise verzichtet er in seiner Predigt auf nautische Metaphern wie etwa der

94 Diese selbstverständlich «unverbindliche» Preisempfehlung entnehme ich der Abschiedsausgabe des *Nadir Daily*.

95 Alle fett gedruckten Passagen stammen aus dem Veranstaltungskalender des *Nadir Daily*.

vom Leben als Reise. Zur Kommunion darf man wählen zwischen Wein und dem guten *Welch's*-Traubensaft. Es bleibt festzustellen, dass selbst die Hostien auf der *Nadir* leckerer sind als normal, weniger zäh und mit einem süßlichen Nachgeschmack, wenn einem die Pampe im Mund zergeht.[96] Dass eine 7NC-Messe ausgerechnet in einer protzigen Bar abgehalten wird, würden Zyniker für ausgesprochen passend halten, aber mir ist das zu billig. Interessanter finde ich schon, wie ein Priester auf einen Luxuskreuzer und zu dieser Luxusgemeinde kommt. Leistet sich Celebrity etwa eine eigene Priestertruppe, die nach dem Rotationsprinzip auf den diversen Schiffen eingesetzt wird oder agiert die römisch-katholische Kirche, ähnlich den anderen Unterhaltungsanbietern, als Franchisenehmer für den göttlichen Service? Nichts davon, fürchte ich, werde ich je in Erfahrung bringen, denn Father DeSandre hat, kaum ist der Schlusschoral verklungen, erklärtermaßen keine Zeit – und zwar wg.

9:00 Uhr: **Erneuerung des Ehegelöbnisses mit Father DeSandre.** Gleicher Ort, gleicher Klappaltar. Aber leider keine Ehepaare, die sich erneuern lassen wollen. Ich bin da, und Captain Video und vielleicht ein Dutzend weitere Nadiriten sind da, sitzen auf lachsrosa Stühlen, derweil

---

96 Sollte ein Kekshersteller wie Pepperidge Farm Inc. jemals auf Hostien umsatteln, dann müssten sie so sein wie die auf der *Nadir*.

eine Getränkekellnerin mit Augenschirm und Block mehrmals die Runde macht. Father DeSandre, in Soutane und Chorrock, wartet geduldig bis 9:20 Uhr, ohne dass Kundschaft sich einstellt oder aus dem Kreis der Anwesenden vortritt. Einige erwecken zwar den Eindruck einer Paarbeziehung, entschuldigen sich aber damit, nicht verheiratet zu sein. Der erstaunlich gelassene Father nimmt das nicht weiter krumm, immerhin, meint er, stünde ja alles zur Behebung dieses unchristlichen Standes bereit, ein Altar, zwei Kerzen, ein Messbuch, bereits an der richtigen Stelle aufgeschlagen ... Womit er bei den angesprochenen Paaren jedoch nur ein verlegenes Lachen bewirkt und keinen Entschluss. Ich persönlich weiß jetzt gar nicht, wie diese Ehe-Abstinenz in die *Nadir*-Philosophie der Todesverleugnung und der totalen Genuss-Sättigung passt, aber irgendeinen Zusammenhang muss es wohl geben.

9:30 Uhr: **In der Bibliothek können Brett- und Kartenspiele sowie Bücher entliehen werden. Ort: Bibliothek,**[97] **Deck 7.**

Die Bibliothek ist ein Glaskasten, der rechtwinklig von der Rendez-Vous-Lounge auf Deck 7 abgeht. Holz, Leder und indirekte Beleuchtung vermitteln edles Ambiente, und tatsächlich ist die Bibliothek ein sehr angenehmer Ort, auch wenn sie nur zu unmöglichen Zeiten geöffnet

97 Hätte ich jetzt nicht gedacht.

hat und es sich bei den Werken in der einzigen Bücherwand lediglich um Bildbände handelt. *Great Villas of Italy* findet man hier oder *Famous Tea Sets of the Modern World*, also die charakteristischen *Coffeetable-Books* von älteren Herrschaften in Wohnanlagen mit fußläufig erreichbarem, nicht allzu schwerem Golfplatz. Trotzdem, in der Bibliothek lässt sich wunderbar abhängen, und außerdem sind dort die Schachspiele. Ein Highlight der Woche ist sicher das Millionen-Miniteile-Megapuzzle, das, halb fertig auf dem Eichentisch in der Ecke, darauf wartet, dass wieder ein paar alte Leute vorbeikommen und es ein Stückchen weiter vollenden. Im Spielzimmer gleich nebenan läuft eine scheinbar endlose Bridgepartie, jedenfalls sehe ich, wenn ich gegen mich selbst Schach spiele, hinter der Milchglasscheibe immer nur erstarrte Silhouetten.

Die Schachspiele in der Bibliothek der *Nadir* sind die billigen Plastikdinger von Parker Brothers, die jeder gute Schachspieler einfach gern haben muss.[98] Ich bin in Schach nicht annähernd so gut wie beim Tischtennis, halte mich aber trotzdem für einen ziemlich guten Spieler. Auf der *Nadir* spiele ich meistens gegen mich selbst (was längst nicht so öde ist, wie es sich anhört), denn ich bin, bei allem Respekt, zu dem Schluss gekommen, dass der normale 7NC-Kreuzfahrer eher kein Schachgenie ist.

Heute hingegen werde ich in 23 Zügen geschlagen –

98 Schwere holzgeschnitzte Figuren sind etwas für Dummbeutel.

und zwar von einem neunjährigen Mädchen. Also machen wir es kurz. Sie heißt Deirdre und gehört zu den wenigen Kindern an Bord, die nicht in den Kindergarten (genannt *Daycare Grotto*) auf Deck 4 weggesperrt werden.[99] Deirdres Mutter liefert sie weder im Kindergarten ab noch weicht sie sonst von der Seite ihrer Tochter. Sie hat diesen schmallippigen Ausdruck im Gesicht, dieses scharfe Augenglitzern von Eltern, deren Kind irgendetwas ganz besonders gut kann, was andere nicht so gut können.

Dieses und andere Anzeichen einer bevorstehenden Schmach hätte ich erkennen können. Doch ich befand mich gerade in einem Szenario, in dem beide Seiten eine Damenindische Verteidigung errichtet hatten, als dieses Kind auf mich zukommt und mich am Ärmel zieht und fragt, ob ich spielen wolle. Ungelogen, es zieht mich am Ärmel, spricht mich mit Mister an – und das mit Augen so groß wie Frühstücksteller. Rückblickend scheint mir, dass es für neun Jahre doch ein bisschen zu groß war, vor allem diese mutlose Körperhaltung mit den traurig hängenden

---

99 Auch etwas, das ich auf Befehl von Mr. Dermatitis nicht sehen durfte. Aber allen Berichten zufolge sind die Kindertagesstätten auf den Megaschiffen phänomenal und personell bestens besetzt mit Scharen von liebevollen, hyperaktiven Kindergärtnerinnen, welche die lieben Kleinen bis zu zehn Stunden lang planvoll in Bewegung halten, damit diese pünktlich um 20:00 Uhr in die Koje sinken und die Eltern das Nightlife an Bord in vollen Zügen genießen können.

Schultern hätte mich stutzig machen müssen. Ein solches Abbild ihrer Psyche geben Mädchen erst, wenn sie sehr viel älter sind. Und wie gut dieses Mädchen auch immer Schach spielt, glücklich ist es bestimmt nicht. Aber egal, das tut hier nichts zur Sache.

Deirdre zieht sich einen Stuhl heran und verkündet, dass sie normalerweise lieber die schwarzen Figuren spielt, wobei sie zu meiner Kenntnis hinzufügt, dass die Farbe Schwarz in vielen Kulturen überhaupt nicht mit Tod und Trauer gleichgesetzt werde, sondern eher denselben Symbolwert besitze wie Weiß in den USA, während Weiß wiederum eine morbide Farbe sei. Ich erwidere, dass ich das alles schon weiß, und wir fangen an. Ich rücke mit ein paar Bauern vor, die von Deirdre prompt mit dem Springer bedroht werden. Derweil hat sich Deirdres Mutter hinter dem Sessel ihrer Tochter postiert[100] und verfolgt – mit Ausnahme der flackernden Augen – regungslos das Geschehen. Ich weiß sofort, dass ich für diese Mutter nur Verachtung übrig habe. Sie ist das wandelnde Klischee einer Wunderkindmutter. Dagegen scheint mir Deirdre ganz okay zu sein. Ich habe schon gegen etliche Superkids gespielt, doch spart sich dieses hier wenigstens das hämische Grinsen oder Triumphgeheul. Fast scheint Deirdre

---

100 Da Ledersessel die einzige Sitzgelegenheit in der Bibliothek sind, ragen gerade einmal Deirdres Augen und Nase über die Tischkante, was ein wenig an das bekannte Graffito «Kilroy was here» erinnert und meiner Niederlage eine surreale Note verleiht.

ein bisschen traurig, dass ich keine größere Herausforderung für sie darstelle.

Schon nach dem vierten Zug schwant mir nichts Gutes. Mein Fianchetto jedenfalls durchschaut sie sofort und verwendet sogar den Begriff korrekt, wobei sie wiederum ein Mister anhängt. Verdächtig auch die Art, wie ihre kleine Hand nach jedem Zug zur Seite wischt – für mich ein untrügliches Zeichen, dass sie an eine Schachuhr gewöhnt ist. Beim zwölften Zug erledigt ein wohlvorbereitetes Manöver mit Dame und König meine eigene Dame, und von da an ist alles nur noch eine Frage der Zeit. Aber das spielt keine Rolle. Ich war fast dreißig, als ich überhaupt mit Schach angefangen habe. Zug 17, und drei steinalt und verschwistert aussehende Gestalten kommen vom Puzzletisch zu uns herübergewackelt und werden Zeuge, wie ich erst meinen Turm verliere und danach Schlag auf Schlag alles andere. Geschenkt. Weder Deirdre noch ihrer fürchterlichen Mutter unterläuft ein Lächeln, als alles vorbei ist. Ich lächele in die Runde für drei, doch keiner, auch ich nicht, sagt etwas von einer weiteren Partie am folgenden Tag.

9:45–10:00 Uhr: Kurz in Kabine 1009/Backbord/außen zum Aufladen meiner psychischen Batterien. Ich esse vier Stück von einer Frucht, die aussieht und schmeckt wie eine übersüße Mini-Mandarine und schaue mir zum fünften Mal an, wie die Velociraptoren in der chromblitzenden Laborküche hinter diesen eingebildeten Rotznasen von

Kindern her sind – nur dass ich ihnen (d. h. den Raptoren) erstmals eine gewisse Sympathie nicht versagen kann.

10:00–11:00 Uhr: Drei zeitgleiche Events im Rahmen des Organisierten Vergnügens, alle auf Deck 9/achtern:

Dart-Turnier: Gut gezielt ist halb getroffen!

Shuffleboard Shuffle: Bringen Sie sich in Schwung mit dem beliebten Bordspiel!

Tischtennis-Turnier: Hier können Sie gegen die Besatzung antreten. Den Siegern winken interessante Preise!

Organisiertes Shuffleboard fand ich schon immer grauenvoll. Alles riecht nach Hinfälligkeit und Tod: ein Spiel, gespielt auf der Oberfläche des Nichts, bei dem das Scheuern des Pucks Gedanken an abgetragene Haut weckt. Mein Verhältnis zu Darts ist von Kindheit her angstbesetzt und geht auf ein haarsträubendes und bis heute unbewältigtes Trauma zurück, auf das ich aus diesem Grund auch nicht näher eingehen will. Jedenfalls meide ich Darts wie die Pest.

Tischtennis hingegen ist ganz mein Ding. Ich bin ein außerordentlich guter Tischtennisspieler. Der Ausdruck «Turnier» im *Nadir Daily* ist allerdings leicht übertrieben, denn weder existiert eine Spieltabelle noch gibt es, soweit ich sehen kann, irgendwelche Siegerpokale noch Nadiriten, die überhaupt spielen wollen. Vielleicht ist ja der starke Wind auf dem Achterdeck daran schuld. Trotzdem hat man hier drei Tischtennisplatten aufgestellt (in sicherer

Entfernung zum Dart-Turnier, was in Anbetracht des allgemeinen Spielniveaus sicher eine weise Entscheidung ist), und der «Pingpong-Profi» der *Nadir* (alias «3P», wie er sich nennt) steht herausfordernd an der Tischmitte und dribbelt den Ball mit dem Schläger zwischen den Beinen hindurch und um sich herum wie einen miniaturisierten Basketball. Als ich meine Fingerknöchel knacken lasse, dreht er sich um. Dreimal bin ich schon hier gewesen, und jedes Mal traf ich nur auf 3P, der mit richtigem Namen Winston heißt. Er und ich sind mittlerweile an einem Punkt angelangt, an dem wir uns nur noch mit einem knappen Nicken begrüßen, wie zwei alte Erzfeinde, die sich die gegenseitige Achtung nicht verweigern.

Unter dem mittleren Tisch befindet sich eine riesige Kiste mit neuen Tischtennisbällen, und wahrscheinlich enthält die Materialkammer hinter dem Netz des Golf-Drive noch weitere davon. Auch dieses Netz ist eine weise Einrichtung, rechnet man die vielen Golfbälle, die andernfalls an den Eisenteilen zerschellen oder gleich hinaus aufs Meer geschlagen würden.[101] Am Schott befindet sich darüber hinaus ein großes Lochbrett mit über einem Dutzend verschiedener Tischtennisschläger, sowohl einfache Holzschläger mit Gumminoppenbeschichtung als auch Profi-Modelle mit glattem Mehrkomponentenbelag und rutsch-

---

101 Jemand müsste mal aufschreiben, was im Verlauf einer 7NC so alles über Bord geht und dann im Kielwasser dümpelt.

festem Griff, aber alle mit dem schicken weiß-blauen Ce-
lebrity-Logo.[102]

Wie gesagt, ich betrachte mich als exzellenten Tischtennisspieler,[103] aber dann zeigt sich, dass ich noch ein ungleich besserer Outdoor- und Seewind-Spieler bin. Und
obwohl Winston seinen 3P-Titel auf der bewegungsarmen
Nadir jederzeit verteidigen könnte, gegen mich verliert er
nach neun Spielen 8:1. Dass es in meinem Fall überhaupt
zu einer (noch dazu knappen) Niederlage gekommen ist,
lag an einigen ziemlich fiesen Böen und einem Netz, das
in Höhe und Spannung nicht den I.T.T.F.-Regularien
entsprach, wie Winston später einräumte. Aus irgendeinem Grund ist Winston der Meinung, es ginge still-
schweigend um meine Full-Color-Spiderman-Cap, das
heißt, er bräuchte von fünf Spielen nur drei zu gewinnen
und die begehrte Cap wäre sein. Davon kann natürlich
keine Rede sein, denn ohne meine Spiderman-Cap könnte ich gar nicht spielen.

---

102 Allein die Furcht vor einer möglichen Zollkontrolle in Fort
Lauderdale hält mich davon ab, einen dieser Schläger mitgehen
zu lassen. Allerdings bekenne ich mich an dieser Stelle zur Unter-
schlagung von zwei lederartigen Brillenputztüchern aus dem Bad
von Kabine 1009 und kann zu meiner Entlastung nur anführen,
dass mir nicht klar war, ob sie in die Kleenex-Kategorie fielen
(Einwegmaterial und Sachen, die man mitnehmen kann) oder in
die Handtuch-Kategorie.

103 Und zumindest beim Tischtennis habe ich noch nie gegen
kleine Mädchen verloren.

Den Pingpong-Profi macht Winston übrigens nur im Nebenberuf, hauptamtlich ist er der offizielle Cruise-DJ in der Scorpio Disco auf Deck 8. Mit seiner getönten Hornbrille legt er dort jeden Abend bis in die frühen Morgenstunden auf, umgeben von Batterien von CD-Spielern und dem Steuerpult für die Lightshow. Dies könnte auch seine tranige und leicht weggetretene Spielweise am Morgen erklären. Er ist 26 Jahre alt und sieht, was in der -Abteilung Guest Relations normal ist, auf dieselbe unwirkliche Art gut aus wie etwa die Schauspieler in einer Soap-Opera oder die Models aus dem Sear's-Katalog. Er hat große, braune Kulleraugen und trägt sein kurzes Kräuselhaar in Amboss-Form rasiert. Den dicht beschichteten Schläger führt er mit dem so genannten Penholder-Griff, was nur professionell trainierte Spieler tun.

Auf dem Achterdeck ist das Maschinengeräusch der *Nadir* lauter als anderswo auf dem Schiff und klingt auch nicht so gleichmäßig. 3P-Winston und ich beherrschen das Tischtennisspiel mit jener schlafwandlerischen, zenmäßigen Sicherheit, dass fast der Eindruck entsteht, der Ball spielte mit uns statt wir mit dem Ball, so direkt und automatisch kommen die Hechtsprünge und Pirouetten, die Schmetterbälle und dramatischen Rückhand-Konter in letzter Sekunde – vollendete Harmonie zwischen Hand und Auge und Killerinstinkt, aber ganz ohne Nachdenken, sodass wir uns daneben noch unterhalten können.

«Eyh, ich schwör, Mann, voll geil, die Cap. Kann ich die haben?»

«Geht nicht.»

«Ist aber ein echter Motherfucker von Cap. Spiderman. Voll korrekt, Mann.»[104]

«Nee, da hängen Erinnerungen dran. Lange Geschichte. Kann ich hier nicht erzählen.»

Zugegeben, unsere Gespräche sprühten nicht gerade vor Esprit, aber mit niemandem auf dieser 7NC habe ich mich länger unterhalten als mit 3P-Winston.[105] Und genauso wie Tibor verschone ich auch Winston mit meinen Journalistenfragen, obwohl in seinem Fall nicht die Befürchtung im Vordergrund steht, er könne sich irgendwelchen Ärger einhandeln, als vielmehr die schlichte Tatsache, dass er nicht unbedingt das hellste Licht am intellektuellen Kronleuchter der *Nadir* ist. Berüchtigt die vermeintlich lustigen Versprecher, mit denen er als DJ in der Scorpio Disco seine Ansagen aufpeppt. Er sagt zum Beispiel «Tattenpeller» statt «Plattenteller», um anschließend hinzuzufügen: «Okay, ich habe gut reden.» Nach diesem Muster läuft das bei ihm ab. Mona und Alice zufolge hat er sich

104 Irgendwie tut er immer so, als käme er aus einem schwarzen Ghetto. Kein Ahnung, was ihm das gibt oder was ich davon halten soll.

105 Darin nicht enthalten sind meine Unterhaltungen mit Petra, die, obwohl länger und wortreicher, letztlich eine ziemlich einseitige Angelegenheit waren, wenn man von ihrem ewigen *«You are a funny thing, you»* absieht.

überdies bei der jüngeren Klientel schnell unbeliebt gemacht, weil er lieber glatten Chart-Rap auflegt als die be-
währte alte Discomusik.[106]

Im Übrigen ist es einfach nicht nötig, Winston aus-
zufragen, denn er ist eine ungeheure Plaudertasche, wenn
er verliert. Sieben diffuse Jahre lang hat er an der University of South Florida studiert, ehe er sich diese «kleine Aus-
zeit» auf der *Nadir* gegönnt hat, für die er, wie er sagt «sogar noch einen verdammten Haufen Kohle» kriegt. Er be-
hauptet, schon Haie die Masse gesehen zu haben, aber
seine Schilderungen bleiben vage, überzeugen mich daher
wenig und sind auch nicht zum Fürchten. Wir sind gerade beim fünften Aufschlag im zweiten Spiel. Winston sagt,
hier auf See, im Angesicht des Meeres, sei er in den letzten
Monaten zu sich gekommen und habe beschlossen, im
Herbst '95 wieder an die Uni zurückzukehren und mehr
oder weniger von vorn anzufangen. Hauptfach soll aber
diesmal nicht Betriebswirtschaft sein, sondern etwas, das
sich «Multimedia-Production» nennt.

«Und dafür gibt's ein eigenes Seminar?»

«Na ja, es ist eher so ein interdisziplinäres Ding. Aber

---

106 Erschüttert hat mich bei den Jungen und Hippen unter den
Kreuzfahrern, dass sie genau auf die Disco-Sülze stehen, die wir,
die in den späten Siebzigern jung und hip waren, immer verab-
scheut haben. Ich erinnere mich da an Donna Summers «Mac Ar-
thur Park», das einmal zur offiziellen Hymne des Studentenballs
gekürt wurde, was prompt einen Boykott auslöste.

voll fett, Mann. Die Zukunft liegt sowieso im *Home*-Bereich. CD-ROM und so'n Scheiß, weißt schon. Smarte Chips. Digitalkameras und so.»

Ich führe mit 18:12. «Der Sport der Zukunft.»

Winston kann mir da nur zustimmen. «Das sowieso. Ich sag dir, da geht die Reise hin. Daten-Highway. Interaktives Fernsehen und so. Virtuelle Realität. Und das ist noch nicht alles. *Interaktive* virtuelle Realität. *Das* ist es.»

«Ah, jetzt verstehe ich», sage ich. Das Match ist beinahe vorbei. «Die Kreuzfahrt der Zukunft ist die *Home*-Kreuzfahrt. Die Luxusreise durch die Karibik, für die man nicht mal das Haus verlassen muss. Muss mir nur so eine Daten-Taucherbrille aufsetzen, Elektroden dran und schon kann's losgehen.»

«Kannste glauben.»

«Keine Passkontrollen mehr, nie mehr seekrank. Kein Wind, kein Sonnenbrand, kein dämliches Gequatsche von irgendwelchem Schiffspersonal.[107] Die totale virtuelle Bewegungslosigkeit, das vollkommene simulierte Wohlfühlprogramm, alles bequem vom Wohnzimmer aus.»

«Eyh, ich sag dir.»

---

107 Die Gespräche mit Winston waren zuweilen so deprimierend, dass ich der Versuchung nicht widerstehen konnte, mit ihm meine Spielchen zu treiben. Er war aber nie beleidigt oder ließ sonst wie erkennen, dass er die Verarsche begriff, sodass ich mich später etwa so mies fühlte, als hätte ich einem blinden Bettler das Kleingeld geklaut.

11:05 Uhr: **Vortrag Schiffsführung. Erfahren Sie von Kapitän Nico alles über unseren Maschinenraum, die Kommandobrücke und weitere «Betriebsgeheimnisse» unseres Schiffs.**

Die *Nadir* kann 1.800 Tonnen Schiffsdiesel bunkern. Davon verbraucht sie etwa 40 bis 70 Tonnen täglich, abhängig von Strömung und Geschwindigkeit. Das Schiff verfügt über zwei Maschinen auf jeder Seite, einen großen «Papa» und einen (vergleichsweise) kleinen «Sohn».[108] Die Schrauben haben einen Durchmesser von 6 Metern und der Ausstellwinkel der einzelnen Blätter ist um 23,5° verstellbar, womit ein optimales Drehmoment erreicht werden kann. Der Bremsweg bei normaler Marschfahrt von 18 Knoten beträgt 0,9 nautische Meilen. Hoher Seegang kann das Schiff beschleunigen, allerdings passt die technische Begründung dafür nicht mehr auf die Serviette, auf der ich mir Notizen mache. Das Schiff hat ein Ruder, und das Ruder hat dazu noch zwei «Flossen», wodurch selbst Manöver im 90°-Winkel möglich werden. Mit seinem

---

108 Alle vier Maschinen sind vollkommen unabhängig, woraus sich insgesamt 2^4 Antriebskombinationen ergeben, d.h., das Schiff kann mit allen vier Schrauben gleichzeitig laufen oder mit nur einem Papa und einem Sohn oder mit zwei Söhnen etc. Aufgrund der Dimension des Schiffs und der entfesselten Kräfte kommt mir ein Umschalten von Papa auf Sohn aber eher so vor wie der Unterschied zwischen intergalaktischer *Warp Drive*-Überlichtgeschwindigkeit und *Impulse Power* mit schlappen 75.000 km/Sek.

Englisch gewinnt Captain Nico[109] zwar keinen Dichter-
wettstreit, aber die Fakten hat er parat. Er ist ungefähr so
alt wie ich und sieht dazu noch unverschämt gut aus,[110] etwa so wie ein extrem durchtrainierter und sonnengebräun-
ter Paul Auster. Das Ganze findet statt in der Fleet Bar auf
Deck 11,[111] wo Weiß-Blau und Edelstahl die Akzente set-

109 Die *Nadir* hat einen *Captain*, einen *Staff Captain* und vier
Chief Officers. Da Captain Nico in Wahrheit zu den vier Chief
Officers zählt, verstehe ich nicht, warum er trotzdem Captain
heißt.

110 Etwas anderes, das ich auf dieser Luxusreise gelernt habe: Ein
Mann sieht niemals besser aus als in einer weißen Marineuniform.
Frauen, ganz egal welcher Altersgruppe oder mit welchen Östro-
genwerten, fielen regelmäßig fast in Ohnmacht oder fingen zumindest an zu seufzen, mit den Titten zu wackeln/Wimpern zu
klimpern und brünstig zu gurren, sobald ihnen einer dieser blendend weißen griechischen Offiziere entgegenkam, ein Phänomen, das der Entwicklung persönlicher Bescheidenheit nicht
eben förderlich ist.

111 Etwas später am Tag, und die Fleet Bar wurde zum Schauplatz
der *Elegant Tea Time*, wo ältere Damen ellenlange Handschuhe
und abgespreizte kleine Finger zur Schau stellten und wo ich mich
etlicher Vergehen gegen die *Elegant-Tea-Time*-Etikette schuldig
gemacht habe. Die Peinlichkeiten im Einzelnen: (a) Ich hatte mir
nicht vorstellen können, dass ein T-Shirt mit Smoking-Aufdruck
bei den Leuten nicht so toll ankommt, wenn Abendgarderobe
vorgeschrieben ist. Aber die Empfehlung im Celebrity-Katalog,
einen Smoking mitzunehmen, hatte ich einfach nicht ernst genommen. (b) Ich war davon ausgegangen, dass die älteren Damen

zen und wo es wegen der vielen Fenster so hell ist, dass Captain Nicos begleitende Dias nur als matte Gespenster auf der Leinwand erscheinen. Captain Nico trägt Ray-Bans, aber ohne fluoreszierendes Brillenkettchen. Donnerstag, der 16. März, markiert zugleich den Zenit meiner paranoiden Angst, von Mr. Dermatitis vermittels der Unterdruck-Abwasser-Anlage in Kabine 1009 beseitigt zu werden, weshalb ich mir vorgenommen habe, den Journalisten nicht allzu sehr heraushängen zu lassen. Nur ganz zu Anfang riskiere ich eine kleine, harmlose Frage, aber selbst da ernte ich eine sarkastische Antwort.

Und zwar sagte mir Captain Nico: «Wie wir Maschinen starten? Jedenfalls *nicht* mit Schlüssel für Zündung, das Ihnen kann sagen.»

an meinem Tisch entzückt wären von der Idee, mit den origami-blumig-obszön gefalteten Leinenservietten eine Art Rohrschach-Test zu veranstalten. (c) Ich hatte gedacht, dieselben Herrschaften würde es interessieren, was eine Gans in ihrem Leben alles erleiden muss, nur damit sie am Ende zu Gänseleberpastete verarbeitet werden kann. (d) Ich hatte einen fetten Klacks von etwas, das aussah wie ölig-schwarzes Bleischrot auf einen Kräcker gehäuft und diesen *in toto* in meinem Mund versenkt. (e) Mein Gesichtsausdruck daraufhin, der allgemein, wie man mir versicherte, und selbst bei gnädigster Betrachtung als schlicht *unelegant* empfunden wurde – nicht umsonst hieß es ja *Elegant Tea Time*. (f) Meine Antwort mit vollem Mund, nachdem mich eine ältere Lady mit Pincenez, cremefarbenen Handschuhen und Lippenstift auf dem rechten Schneidezahn darauf hinwies, dass es sich um Beluga-Kaviar handelte, eine Antwort, welche (f(1)) im Wesentlichen

Hämisches Gelächter im Saal.

Es stellt sich heraus, dass das mysteriöse «m. v.» in «m. v. *Nadir*», wie das Schiff nämlich offiziell heißt, nichts weiter bedeutet als *«motorized vessel»*. Gesamtbaukosten der m. v. *Nadir*: 250.310.000 Dollar. Getauft in 10/92 in Papenburg (FRG) nicht mit einer Flasche Champagner, sondern mit Ouzo. Die drei Generatoren der *Nadir* haben zusammen eine Leistung von 9,9 Megawatt. Die Brücke liegt hinter dem geheimnisvollen, dreifach gesicherten Schott nahe dem Handtuchwagen im Achterbereich von Deck 11. Die Brücke, «das ist da, wo die Anlagen sind für Radar und Anzeigen von Wetter und diese Dinge».

den Auswurf von mehreren Krümeln und eines großen schwarzen Etwas erbrachte sowie (f(2)) eine schlecht artikulierte Äußerung, die ringsum, wie ich später erfuhr, als genitalreferenzielles Fluchwort gedeutet wurde. (g) Mein Versuch, den Ekel erregenden schwarzen Glibber in eine dünne Papierserviette zu spucken statt in eine der reichlich vorhandenen und ungleich stärkeren Stoffservietten, eine Entscheidung, die ich, statt im Detail, nur mit dem Wort *unglücklich* beschreiben möchte. (h) Und schließlich, dass ich dem kleinen Jungen, der mit Fliege und [ungelogen] in Smoking-Shorts neben mir saß, in seiner geschmacklichen Beurteilung von Beluga-Kaviar als «voll abgeranzt» uneingeschränkt beipflichtete – leider wiederum mit einem spontanen und unüberlegten Ausdruck aus dem genitalreferenziellen Bereich.

Okay, breiten wir den Schleier des Vergessens über den Rest des kulinarischen Events. Dies erklärt auch, dass die Stunde zwischen 16:00 und 17:00 Uhr in meinem Fun-Logbuch fehlt. Betrachten wir sie als Lacuna im Organisierten Vergnügen.

Nach ihrem ersten Uni-Abschluss benötigen Offiziersanwärter noch zwei weitere lange Jahre, um das Einmaleins der Navigations-Mathematik zu beherrschen. Zitat: «Auch musse Computer viel lernen.»

Unter den vierzig Zuhörern befinden sich null Frauen. Captain Video darf natürlich nicht fehlen, er hockt mit seinem Camcorder auf dem Edelstahl-Tresen der Fleet Bar und genießt den Augenblick auf seine Weise. Er trägt einen gleißenden Jogging-Anzug in Braun-Violett, in dem er aussieht wie ein Ara. Allmählich geht mir Captain Video echt auf die Nerven.

Der Mann neben mir hat einen erstklassigen Sonnenbrand und macht sich mit einem Mont-Blanc-Stift Notizen in einem ledergebundenen Notizbuch mit dem geprägten Schriftzug ENGLER.[112] Hätte ich auf dem Weg vom Tischtennis zur Fleet Bar auch nur eine Sekunde nachgedacht, müsste ich jetzt nicht mit einem Leuchtstift auf Papierservietten herumschmieren. Die *Nadir*-Offiziere, erfahre ich, haben auf Deck 3 ihre Quartiere, ihre Messe und sogar ihre eigene Bar. «In der Brücke wir haben ver-

---

112 Die ganze Woche lange bildeten die Engler-Leute ihre eigene Subkultur. Sie bewegten sich nur in der Herde, hatten ihre eigenen Organized Shore Excursions und ständig irgendwelche Party-Säle für sich reserviert, abgetrennt von violetten Seilen und bewacht von vierschrötigen Kerlen, die, wenn sie nicht gerade die Zugangsberechtigung kontrollierten, meist mit verschränkten Armen dastanden. Eine nähere Untersuchung des Engler-Reichs muss aus Platzmangel leider ausfallen.

schiedene Kompass zum Sehen, wo fahren hin.» Außer im Trockendock können die vier Antriebsturbinen nicht abgestellt werden. Werden bestimmte Schrauben einmal nicht gebraucht, kuppelt man sie gewissermaßen aus. Und das Andockmanöver, so zeigt sich jetzt, ist bei Weitem nicht so kompliziert wie gedacht. Captain G. Panagiotakis muss also keine Zugmaschine unter LSD-Einfluss in eine knallenge Parklücke zwängen. Der Engler-Mann neben mir süffelt einen Slippery Nipple für 5,50 Dollar. Dafür hat der Drink zwei Schirmchen. Der Rest der Mannschaft ist auf Deck 2 untergebracht, wo sich auch die Wäscherei befindet und «der Bereich von Abfall und Entsorgung». Wie alle Megaschiffe kommt die *Nadir* im Hafen ohne Bugsierschlepper zurecht, denn sie verfügt über «Heckstrahlruder und Bugstrahlruder.»[113]

Die Zuhörerschaft besteht aus glatzköpfigen, korpulenten Herren über fünfzig und mit Händen wie Schaufeln. Allesamt Männer, die sich auf der Ochsentour hochgearbeitet haben, keine flinken Seiteneinsteiger mit MBA-Diplom.[114] Bei einigen handelte es sich eindeutig um Navy-

---

113 (Letztere werden auch «Kopfschrauben» genannt, was für mich aber eher nach Olympia klingt.)

114 Mit anderen Worten genau der Typ Hemdsärmliger-Kein-Blatt-vor-den-Mund-Nehmer-Selfmademan, dem man eher ungern begegnet, wenn man dessen Tochter mit mehr oder minder unlauteren Absichten zum Kino abholen will, eine Urautorität eben.

David Foster Wallace **153**

Veteranen, andere sind wohl selber Skipper. Auf jeden Fall sind sie ein fachkundiges Publikum und stellen detaillierte Fragen zu Zylinderdurchmesser und Kolbenhub der Maschinen, der Koordination der Schwenkschrauben und dem Unterschied zwischen einem «C-Class Captain» und einem «B-Class Captain». Meine Versuche, technische Einzelheiten auf der Papierserviette festzuhalten, enden als gelbe, wurstig-verquollene Kringel, U-Bahn-Graffiti nicht unähnlich, während die anderen Kreuzfahrer das mit der Hydrodynamik der Seitenstabilisatoren durchaus noch genauer wissen wollen. Es sind Männer, die immer so aussehen, als rauchten sie gerade eine Zigarre, auch wenn sie gar keine Zigarre im Mund haben. Ihre Haut ist gerötet von Sonne, Gischt und zu vielen Slippery Nipples. Die Höchstgeschwindigkeit eines 7NC-Megaschiffs beträgt 21,4 Knoten. Ich traue mich nicht zu fragen, was ein Knoten ist, nicht in dieser Gesellschaft.

Gleich mehrere Fragen gelten dem Satelliten-Navigationssystem des Schiffs. Captain Nico erklärt, die *Nadir* verfüge über ein Ding namens GPS: «Dieses Global Positioning System benutzt die Satelliten am Himmel zur ständigen Positionsbestimmung.» Des Weiteren kommt heraus, dass die *Nadir*, zumindest auf offener See, von einer Art Autopilot auf Kurs gehalten wird.[115] So wie ich das ver-

---

115 Dies könnte eine Erklärung sein, warum Kapitän G. Panagiotakis immer so unbeschwert in die Weltgeschichte schaut. Tatsächlich scheint sein wahrer Beruf darin zu bestehen, möglichst

standen haben, gibt es heutzutage überhaupt keine Steu-
erräder mehr, zumindest keine richtigen mit Speichen, wie
sie beispielsweise in der launigen Fleet Bar an der Wand
hängen – komplett mit Blumentopfhalter für den Zim-
merfarn.

11:50 Uhr: Für richtigen Hunger gibt es auf einer Luxus-
Kreuzfahrt eigentlich keinen Anlass, aber sobald man sich
einmal an sieben, acht Mahlzeiten pro Tag gewöhnt hat,
mahnt auch der Magen pünktlich und mit demselben
schaumigen Leeregefühl Nachschub an.

Das Mittagessen im 5*C. R. ist eigentlich nur etwas für
Höchstbetagte und Liebhaber feiner Lebensart, denn dort
sind Sonnenhüte und Badesachen verpönt. Ansonsten
wird im Windsurf Café gegessen, in bequemer Nähe zur
Plexi-Pool-Grotte von Deck 11. Bereits an den beiden automatischen Schiebetüren wird man von zwei großen
Obsttonnen im Kokosnuss-Look empfangen,[116] aus denen

viel präsidiale Würde zu verstrahlen – was auch funktionieren
würde, wäre da nicht seine Sonnenbrille, die er sogar in Innenräumen nicht ablegt.[115a] Aufgrund der ewigen Sonnenbrille wirkt
er eher wie ein Drittweltpotentat.

115a Sämtliche Offiziere haben diese Angewohnheit. Meist
sieht man sie in kleiner Konferenz zusammenstehen, die Hände
auf dem Rücken verschränkt, Sonnenbrille im Gesicht, Wichti-
ges besprechend (auf Griechisch), ein Bild wie gemeißelt.

116 Gott ist mein Zeuge, ich habe in meinem ganzen Leben noch
nie so viel Obst gegessen.

sich jeweils eine imposante Eis-Skulptur erhebt: hier eine Madonna, dort ein Wal. Doch gleich dahinter werden die Massen geschickt geteilt und weiterdirigiert, sodass lange Wartezeiten im Windsurf Café kein Thema sind. Viele Kreuzfahrtlinien muten ihren Passagieren allerdings auch heute noch die bovine Herdenfütterung zu.

Gerade im Windsurf Café, wo alles offen zutage liegt und das Essen nicht hinterrücks durch eine geheimnisvolle Schwingtür angerauscht kommt, wird der Qualitätsstandard deutlich. Der Tee stammt nicht einfach von Lipton, sondern von *Sir Thomas Lipton* und präsentiert sich, einzeln vakuum- und folienverpackt, in pergamentfarbenen Tütchen. Das Fleisch ist praktisch fett- und knorpelfrei und in dieser Qualität in den USA nur in koscheren Delis erhältlich. Der Senf schmeckt noch exklusiver als dieser Grey-Poupon, dessen Marke ich jedes Mal vergesse aufzuschreiben. Und dann erst der Kaffee! Lustig sprudelt er aus dem Hahn der in gebürstetem Edelstahl schimmernden Kaffeebereiter. Ehrlich, für so einen Kaffee würde man jemanden heiraten. Normalerweise liegt meine neurologische Verträglichkeitsgrenze bei exakt einer Tasse, doch der Windsurf-Kaffee ist so hervorragend[117] und die Auswertung meiner gelben Leuchtstift-Servietten-Graffiti so

---

117 Vor allem: Der Kaffee ist einfach nur unverfälschter Kaffee und hat nichts zu tun mit so verspielten Sekretärinnen-Sorten wie Haselnuss-Krokant-Cappuccino oder Vanille-Maracuja-Latte etc. Die Kaffee-Politik auf der *Nadir* kann ich daher nur unterstützen.

schwierig, dass ich mein Limit übersteige. Die nachfolgenden Logbuch-Einträge geraten daher etwas sprunghaft und unkonzentriert.

12:40 Uhr: Ich bin auf Deck 9/achtern und schlage von einem Kunstrasen-Geviert Golfbälle in ein Nylonnetz, das sich bei jedem Treffer gewaltig aufbläht. Steuerbords schleppt sich das Shuffleboard über die Runden. Tischtennis ist offenbar aus, von 3P keine Spur, andere Interessenten lassen sich nicht sehen, und sämtliche Schläger sind weg. Aber verräterische kleine Löcher in den Deckplanken, im Schott, in der Reling, ja, sogar auf dem Kunstrasen zeigen, dass es klug war, sich von den Dart-Leuten fernzuhalten.

13:14 Uhr: Ich sitze wieder im Rainbow Room von Deck 8 und schaue einem Herrn namens Ernst zu, dem dubiosen, allgegenwärtigen Kunstauktionator auf der *Nadir*.[118] Ernst nimmt Gebote entgegen für einen signierten Kunstdruck von Leroy Neimann. Und die Gebote kommen, und das nicht zu knapp. Nur um klarzustellen: Es handelt sich hier nicht um ein Originalblatt, sondern um ein besseres Poster, nur eben signiert.

118 Eines der wenigen menschlichen Wesen, denen ich bisher begegnet bin, die Blond mit Mausgrau verbinden. Vielfalt auch bei der Garderobe. Ernst trägt an diesem Tag weiße Turnschuhe zu grüner Freizeithose zu schwungvoll geschnittenem Sakko, dessen Pink ohne Übertreibung nur mit dem Wort «menstrual» zu beschreiben ist.

13:30 Uhr: Pool-Possen! Geben Sie sich einen Ruck und machen Sie mit. Cruise Director Scott Peterson und seine Animateure erwarten Sie zur Spaßolympiade. Unter den kritischen Augen der versammelten Damenwelt werden unter anderem die schönsten Männerbeine gekürt.

Mit ersten Anzeichen einer Koffeinvergiftung, den Kopf auf Anraten eines Animateurs in eine Celebrity-Cruises-Gratisbadekappe gequetscht, gebe ich mir einen Ruck und mache mit bei vorgenannten Possen, die hauptsächlich aus einer Art Ritterspiel bestehen, bei dem man sich im Becken rittlings auf einen schwimmenden, mit Vaseline bestrichenen Plastik-Baumstamm setzt und versucht, den Gegner vermittels eines mit Luftballons gefüllten Kopfkissenbezugs in die schleimige Brühe zu bollern. Erst sind die Mädchen dran, anschließend die Jungs. Zwei Runden überstehe ich, dann werde ich von einem behaarten Hulk aus Milwaukee ausgeschaltet – der Flitterwöchner hat mich voll mit der Faust erwischt. Nun, ich gebe zu, das *kann* passieren, besonders dann, wenn die Leute das Gleichgewicht verlieren und den drohenden Sturz abwenden wollen, indem sie sich weit nach vorn beugen.[119] Aber

119 Genau das ist mir nämlich passiert. Ich kippte nach vorn und fiel ungebremst in die Faust meines Gegners, der damit jedoch kein Foul beabsichtigte, sondern lediglich die Ecke seines Kopfkissenbezugs umkrampft hielt, weswegen es meinerseits auch nichts zu protestieren gab. Allerdings litt ich sogar noch eine Woche später an einer eingeschränkten Sehschärfe des rechten Auges.

der Schlag reißt mir fast die Badekappe vom Kopf, ehe ich steuerbordseits ins Wasser kippe, das nicht nur durch einen ausgesprochen hohen Na-Gehalt besticht, sondern auch durch eine irisierende Vaseline-Schicht an der Oberfläche. Völlig besudelt und belämmert von dem empfangenen Schlag, entsteige ich dem Becken und lande schließlich bei der Endausscheidung um die schönsten Männerbeine lediglich auf einem kläglichen dritten Platz. Zwar hatte ich mir, wie mir versichert wurde, durchaus berechtigte Hoffnungen auf den Titelgewinn machen dürfen, doch brachte mir, der attischen Grazie meiner Beine zum Trotz, das dämliche Gesamtbild (Badekappe schief, Miene wie beleidigte Leberwurst plus geschwollenes Schielauge) bei den Jurorinnen offenbar einige Minuspunkte ein.

14:10 Uhr: Offenbar ist das hier der Kurs «Künstlerisches Gestalten». Ich befinde mich in einem Hinterzimmer des Windsurf Café, und abgesehen davon, dass ich hier der einzige Mann unter Siebzig bin und am geplanten Kunstprojekt auf den Tischen mit Eisstielen und Krepppapier und einer Art Sekundenkleber gearbeitet wird, dem ich mit meinen zitternden, überkoffeinierten Händen lieber nicht zu nahe komme, habe ich keine Ahnung, was das Ganze soll. 14:15 Uhr: Fortsetzung des Kunstprojekts im Herrenklo neben den Aufzügen von Deck 11/Bug. Dort befinden sich vier Pissoirs und drei ausgewachsene Toiletten, allesamt mit Anschluss an die Unterdruck-Abwasser-

Anlage, welche, aktviert man sie geschwind hintereinander, zusammen einen Flatterakkord ergeben wie das jubelnde Des-Gis-Melisma am Ende jenes mittelalterlichen *Tenebrae Factae Sunt*, das 1983 mit den Wiener Sängerknaben eingespielt wurde (absolute Jahrhundertaufnahme!). 14:20 Uhr: Weiter zum Olympic Health Club auf Deck 12, dort im hinteren, von Steiner of London besetzten Teil,[120] wo dieselben samthäutigen Französinnen wirken wie schon an Pier 21, dort frage ich, ob ich nicht mal bei einer dieser *«Phytomer/Ionithermie Combination Treatment De-Toxifying Inch Loss Treatments»* zugucken kann, von denen einige der fülligeren Damen an Bord so geschwärmt haben. Worauf mir mitgeteilt wird, dass Demonstrationen von P./I.C.T.D.-/T.I.L.T.[121] wg. der unvermeidbaren Nacktheit nicht vorgesehen seien, es sei denn als Objekt

120 (laut *Nadir Daily* gleichfalls bekannt als «Steiner Salons» oder «Spas at Sea»)

121 Wenn man sich die harten Fakten im Steiner-Prospekt ansieht, wird verständlich, warum sich kein fühlendes Herz die Prozedur entgehen lassen will. Also, Zitat:
«IONITHERMIE – WIE FUNKTIONIERT'S? Zunächst werden ausgewählte Körperpartien vermessen. Die Haut wird markiert, und die Werte werden in Ihre Tabelle eingetragen. Verschiedene Cremes, Gels und Ampullen werden aufgetragen. Diese enthalten Extrakte, die Fettzellen aufbrechen und emulgieren können. Elektroden, die Faradismus und Galvanismus anwenden, werden positioniert, nachdem das gesamte Areal mit einer

der Behandlung. Bei dem genannten Preis allerdings und nicht zuletzt aufgrund der Erinnerung an verschmorte Nasenhaare im Rahmen von Chemiekurs 205 anno 1983, fällt mir der Verzicht auf ein zusätzliches Verwöhnprogramm leicht. Wer sich der Pflegeorgie im großen Stil nicht unterziehen will, dem versuchen die Lotion-Ladys zumindest eine klitzekleine Gesichtsmaske nahe zu bringen, von der «bereits eine steigend große Zahl» von männlichen Passagieren profitiert habe, aber eine Gesichtsmaske will ich ebenfalls nicht, denn die hätte mir die halb abgepellte Haut vollständig abgezogen. 14:25 Uhr: Ich befinde mich auf dem kleinen Klo des Olympic Health Club, eine Einloch-Anlage, von der höchstens zu bemerken ist, dass aus dem Deckenlautsprecher ein Endlosband mit Olivia Newton-Johns «Let's Get Physical» läuft. Okay, ich geb's zu:

warmen blauen Schlammpackung bedeckt ist. Nun sind wir so weit, mit Ihrer Behandlung zu beginnen. Der Galvanismus beschleunigt die Aufnahme der verschiedenen Produkte durch die Haut, während der Faradismus Ihre Muskeln trainiert.[121a] Die Cellulite, diese kleinen «Fettklümpchen», die bei Frauen leider keine Seltenheit sind, werden durch die Behandlung emulgiert, sodass die Schlackenstoffe besser abfließen können, wodurch die Haut wesentlich glatter aussieht.»

121a Als jemand, der während des Chemieunterrichts auf dem College einmal an eine Strom führende Induktionsspule gekommen ist und mit dem hölzernen Stiel eines Wischmops losgestemmt werden musste, garantiere ich persönlich für den konvulsiven Trainingseffekt von Faradismus.

Zwischen den einzelnen UV-Bombardements auf dem Sonnendeck war ich einige Male im Olympic Health Club und habe ein paar Eisen gestemmt – die hier jedoch eher aus einer hochglanzpolierten High-Tech-Titanlegierung zu sein scheinen. Der Trainingsraum gehört zur vollverspiegelten Sorte und zwingt einen, sich der eigenen Physis zu stellen, was ebenso entsetzlich ist wie verführerisch, und überall stehen große insektenhafte Maschinen, die den Bewegungsablauf und den Energieverbrauch des Menschen auf Treppen, Ruderbooten, Fahrrädern und schlecht gewachsten Langlaufskis usw. nachahmen und ausgerüstet sind mit Pulsmesser sowie Kopfhörer. Und auf diesen Maschinen schwitzen Leute in Stretchklamotten, die man (also die Leute) am liebsten zur Seite nehmen würde, um ihnen mit allem gebotenen Takt den Rat zu geben, niemals wieder in solche Sachen zu steigen.

14:30 Uhr: Einmal mehr im guten alten Rainbow Room. Man gibt das Stück «**Hinter den Kulissen**»: **Lassen Sie sich von Cruise Director Scott Peterson auf den Arbeitsplatz Kreuzfahrtschiff entführen!**

Scott Peterson, ein 39-jähriger Dauerlächler mit spröde abstehenden Haaren, kleinem Schnurrbart und dicker Rolex, Scott Peterson zählt zu jenen Menschen, für die weiße Turnschuhe (ohne Socken) und mintgrüne Lacoste-Shirts einst erfunden wurden. Für mich gehört er außerdem zu den unsympathischsten *Nadir*-Mitarbeitern überhaupt, auch wenn seine Gegenwart eher nur ärgerlich ist und längst nicht solche Hass-/Angstgefühle in mir auslöst wie ein Mr. Dermatitis.

Seine ganze Art lässt sich am besten dadurch beschreiben, dass er anscheinend ständig für ein Foto posiert, das niemand macht.[122] Er steigt auf das niedrige messingverkleidete Podium, setzt sich – falsch herum wie eine Cabaret-Diseuse – auf einen Stuhl und legt los. Im Saal sind etwa fünfzig Leute, darunter auch wohl einige echte Fans, wie ich zugeben muss, also Leute, die ihm gern zuhören, obwohl es auch hier weit eher um die Person Scott Peterson geht als um den Arbeitsplatz *Nadir*. Zentrale Themen sind Kindheit und Jugend von Scott Peterson; wie sich Scott Peterson zum ersten Mal für Kreuzfahrtschiffe interessierte; wie Scott Peterson und sein Zimmergenosse vom College ihren ersten Job auf einem Kreuzfahrtschiff landeten; ein paar echte Schoten über das, was Scott Peterson in den ersten Monaten an Bord alles vermasselt hat; alle die Promis, denen Scott Peterson in seiner Karriere schon

---

122 Darin ähnelt er Lokalpolitikern und Kleinstadt-Polizeichefs, die auch wegen jedem Mist eine Pressekonferenz einberufen, nur um in die Zeitung zu kommen. Der Name Scott Peterson erscheint pro Ausgabe der *Nadir Daily* mindestens ein Dutzend Mal: «**Backgammon-Turnier mit Ihrem Cruise-Director Scott Peterson**»; «‹**The World Goes Round**›, **mit Jane McDonald, Michael Mullance and den Matrix Dancers. Gastgeber: Cruise-Director Scott Peterson**»; «**Ft. Lauderdale Disembarkation Talk – Cruise-Director Scott Peterson erklärt Ihnen, was Sie bei der Ankunft in Fort Lauderdale beachten sollten**»; etc. ad naus.

begegnet ist und denen Scott Peterson die Hand schütteln durfte; wie gut Scott Peterson mit allen Kollegen an Bord klarkommt; wie gern Scott Peterson überhaupt auf einem Kreuzfahrtschiff arbeitet; wie Scott Peterson die ehemalige Kollegin und spätere Mrs. Scott Peterson auf einem Kreuzfahrtschiff kennen und lieben gelernt hat; wie Mrs. Scott Peterson aber jetzt auf einem anderen Kreuzfahrtschiff arbeitet, was die Beziehung auf eine harte Probe stellt, wenn man sich nur alle sechs Wochen sieht, wodurch ja vieles, was für andere ganz selbstverständlich ist, also Nähe und Vertrautheit, eben nicht mehr so selbstverständlich ist, wenn man wie Mr. und Mrs. Scott Peterson auf verschiedenen Kreuzfahrtschiffen arbeitet, außer jetzt, wo er, Scott Peterson, schon ganz aufgeregt ist, weil er dem verehrten Publikum mitteilen kann, dass die leibhaftige Mrs. Scott Peterson zurzeit ihren wohlverdienten Urlaub mache und das sogar, was ihm eine ganz besondere Freude sei, hier auf der *Nadir* und, man mag es gar nicht glauben, sogar hier und jetzt im Saal anwesend sei und ob Mrs. S. P. nicht mal kurz aufstehen und sich verbeugen wolle.

Ich schwöre, ich übertreibe nicht. Ein Sultan der Selbstdarstellung und so oberpeinlich, dass man schreiend hinauslaufen möchte. Doch gerade als ich mich anschicke zu gehen, weil ich das heiß ersehnte Skeetschießen um 15:00 Uhr nicht verpassen will, holt Scott Peterson zu einer Anekdote aus, die genau das zum Thema macht, was mich an der *Nadir* ängstigt und fasziniert, und so bleibe ich hocken und schreibe mit: Wie uns Scott Peterson erzählt, wie Mrs. Scott Peterson einmal unter der Dusche stand, nämlich in Mr. und Mrs. Scott Petersons Suite auf Deck 3, noch gar nicht so lange her, und wie Mrs. Scott Peterson plötzlich (hier die tastende Geste nach einem angemessen delikaten Ausdruck) plötzlich ein menschliches Bedürfnis verspürte. So weit, so gut. Mrs. Scott Peterson, nass von Kopf bis Fuß, verlässt also die Duschkabine und setzt sich auf Scott Petersons Privattoilette. Kommentar von Scott Peterson: Wie die Anwesenden sicher bemerkt hätten, seien die Toiletten der m. v. *Nadir* angeschlossen an ein hochmodernes Unterdruck-Abwasser-System mit einer relativ unzimperlichen Spülung. Aufwallendes Gelächter zeigt mir, dass offenbar auch andere Nadiriten Angst vor ihrem Klo haben. Mrs. Scott Peterson[123] versinkt derweil immer tiefer in ihrem lachsfarbenen Stuhl. Aber Scott Peterson fährt unbeirrt fort: Wie sich also Mrs. Scott Peterson – nackt und nach wie vor nass – auf dem Toilettensitz niederlässt und der Natur ihren Lauf lässt und nach getanem Werk den Spülknopf drückt und … wie es vermutlichen dem nassen Zustand von Mrs. Scott Peterson geschuldet ist, dass die schier unglaubliche Saugkraft des hochmodernen Unterdruck-Abwasser-Systems beginnt, Mrs. Scott Peterson *durch den Abfluss in die Tiefe zu zie-*

---

123 Mrs. S. P. ist eine ektomorphe Engländerin mit gegerbtem Teint unter einem breitkrempigen Sombrero. Den Sombrero verstaut sie jedoch unter dem Sitz, als ihr Kopf noch unter Rückenlehnen-Niveau rutscht.

hen.[124] Doch allem Anschein nach ist Mrs. Scott Peterson etwas zu breit, um wirklich abgesaugt und in ein fäkalisches Nirwana geschleudert zu werden. Nein, Mrs. Scott Peterson hängt fest, eingeklemmt über dem trichterförmigen Loch, und kommt aus eigener Kraft nicht mehr heraus und ist überdies splitternackt und schreit um Hilfe. (Inzwischen interessiert sich die echte Mrs. Scott Peterson intensiv für etwas unter ihrem Tisch, und aus meiner Warte ist nur noch ihre gegerbte, sommersprossige Schulter zu sehen.) Dies hörend, eilt Scott Peterson sogleich ins Bad, nachdem er gerade noch vor dem riesigen Schlafzimmerspiegel sein bekanntes Service-Lächeln geübt hat.[125] Eilt ins Bad, um zu sehen, was passiert ist, und versucht, die hilflos Strampelnde, deren angenapfte Pobacken und Kniekehlen schon violett angelaufen sind, aus ihrer misslichen Lage zu befreien. Doch die fürchterliche Unterdruck-Abwasser-Anlage ist stärker und lässt ihre Beute

124 Weil ich den Vorgang so gut nachvollziehen kann, schlägt mich die Anekdote sofort in ihren Bann. Umso größer meine Enttäuschung, als alles nur auf eine billige Comedy-Pointe hinausläuft, die Scott Peterson sicher schon tausendmal gebracht hat (nur vielleicht nicht in Anwesenheit von Mrs. Scott Peterson, die im Publikum sitzt und alles mit anhören muss, was ich jedoch mit der Hoffnung verbinde, dass sich Mrs. Scott Peterson die Bloßstellung nicht gefallen lässt und später mit Scott Peterson abrechnen wird), der eitle Fatzke.

125 [behaupte ich jetzt mal, ich bin schließlich Schriftsteller]

nicht los, worauf Scott Peterson, geistesgegenwärtig, wie er ist, zum Telefon greift und einen der Bordklempner anruft. Und der Bordklempner sagt: «Jawohl, Sir, Mr. Peterson, bin schon unterwegs.» Und Scott Peterson rennt zurück ins Bad, um Mrs. Scott Peterson mitzuteilen, dass Rettung naht. Hier erst fällt Mrs. Scott Peterson auf, dass sie unbekleidet ist und dass die xenonartige Badezimmerbeleuchtung nicht nur ihre ektomorphen Brüste ausleuchtet, sondern auch jenen Teil ihrer höchst persönlichen Vulva, der über den saugstarken Toilettenrand hinausragt.[126] Voller Entsetzen kreischt sie auf ihre britische Art, er möge ihr doch *for the bloody love of Christ* etwas holen, womit sie ihre gesetzlich angetraute Blöße vor dem geilen Blick der südländischen Arbeiterklasse bedecken könne. Und Scott Peterson läuft und kommt mit Mrs. Scott Petersons Lieblingssonnenhut zurück, einem großen Sombrero, derselbe Sombrero übrigens, den Scott Petersons über alles geliebte Frau auch in diesem Moment auf dem Kopf ... oder vielmehr bis eben noch getragen habe. Jedenfalls, durch das umsichtige und schnelle Handeln von Scott Peterson wird dieser Sombrero vom Wohnzimmer ins Badezimmer verbracht und verschafft der gekrümmt vornübergebeugten

---

126 [Auch dies nichts weiter als eine Behauptung, aber allein so ist sinnvoll, was Mrs. Scott Peterson im weiteren Verlauf tut. (Zu diesem Zeitpunkt weiß ich noch nicht, dass es sich lediglich um einen blöden Witz handelt. Ich habe hauptsächlich Mitleid mit Mrs. S. P. – sowohl innerhalb als auch außerhalb der Geschichte.)]

Mrs. Scott Peterson die notwendige Deckung sowohl für ihre primären als auch sekundären Geschlechtsmerkmale. Und der Schiffsklempner klopft und tritt ein, ein Schrank von Kerl, ölverschmiert und außer Atem, mit klirrendem Werkzeuggürtel und garantiert Ausländer, und steht schließlich im Bad und fängt an zu messen und hin und her zu rechnen und sagt schließlich zu Mr. Scott Peterson, das mit seiner Frau sei nicht so schlimm, die könne er aus dem Klo befreien, schwierig aber würde es mit dem Mexikaner in Mrs. Scott Peterson.

13:05 Uhr: Ich schaue kurz auf Deck 7 vorbei. Dort in der Celebrity Show Lounge laufen soeben die Proben für die morgige *Passenger Talent Show*. Zwei texanische Studenten mit Stoppelschnitt und Sonnenbrand legen mit «Shake Your Groove Thing» eine Tanznummer hin, in der nichts passiert und nichts zusammenpasst. Assistant-Cruise-Director «Dave the Bingo Boy» koordiniert die Aktivitäten von seinem Regiestuhl am linken Bühnenrand aus. Ein siebzigjähriger Greis aus Halifax, Virginia, erzählt vier Ausländer-Witze und bringt den Song «One Day at a Time (Sweet Jesus)». Ein pensionierter Immobilienmakler von Century 21 aus Idaho steuert ein langes Schlagzeugsolo zu «Caravan» bei. Die große Talentshow ist offenbar ebenso 7NC-Tradition wie der Kostümball am Dienstag.[127] Eini-

127 Es sind solche Belustigungen, verbunden mit der straffen Organisation, die mich auf der *Nadir* immer wieder an ein Sum-

ge Nadiriten haben ihren Auftritt seit langem geplant und ihre eigenen Kostüme, Musikkassetten und Requisiten mitgebracht. Ein biegsames Paar aus Kanada präsentiert einen Tango, an dem alles stimmt, einschließlich der schwarzen Lackschuhe und der Rose zwischen den Zähnen. Höhepunkt der Talentshow ist offenbar eine Serie von vier Comedy-Darbietungen, in denen ausnahmslos Opas auftreten. Einer nach dem anderen schleppt sich auf die Bühne. Der Erste bewegt sich mit einer Dreifuß-Gehhilfe. Der Zweite trägt eine Krawatte, die irgendwie an ein Denver-Omelette erinnert – lecker: mit Kochschinken, Zwiebeln und Käse. Ein weiterer stottert zum Gotterbarmen. Was folgt sind vier austauschbare Vorführungen mit Humor wie aus einer frisch ausgebuddelten Fünfziger-Jahre-Zeitkapsel: lähmende Witzchen über die Unmöglichkeit, Frauen zu verstehen oder darüber, dass Männer nichts lieber mögen als Golf und Ehefrauen nichts lieber tun, als sie davon abzuhalten usw. Das Ganze ist so rückhaltlos und unverschämt uncool, dass ich auf einmal mit einer Mischung aus Mitleid, Bewunderung und Hilflosigkeit an meine Großeltern zurückdenke. Einer der teilnehmenden Künstler nennt seinen Auftritt am kommenden Abend ei-

mercamp erinnern, in dem ich als Kind drei Jahre hintereinander den Juli verbrachte. Auch da war das Essen großartig, auch da hatten alle einen Sonnenbrand, auch da blieb ich gern in meiner Hütte, um den gut organisierten Ringelpietz nicht mitmachen zu müssen.

nen «Gig». Und der mit der Dreifuß-Gehhilfe unterbricht plötzlich seinen Witz über das wg. Golf verpasste Begräbnis der eigenen Ehefrau, indem er mit seiner Krücke auf Dave the Bingo Boy zeigt und umgehend präzise Auskunft darüber verlangt, mit wie vielen Zuschauern bei der Talentshow zu rechnen sei. Darauf meint Dave the Bingo Boy achselzuckend und ohne seinen Blick von der Nagelfeile zu nehmen, das sei schwer zu sagen und eben von Woche zu Woche verschieden. Worauf der Alte wiederum mit der Krücke fuchtelt und droht, dann solle er, Dave, sich gefälligst darum kümmern, er für seine Person hasse es, vor leerem Haus zu spielen.

13:20 Uhr: Der *Nadir Daily* hat verschwiegen, dass es sich beim Skeetschießen um einen Wettbewerb handelt. Jeder Schuss kostet 1,00 Dollar, aber man muss die Patronen in Zehnerpackungen kaufen. Für den besten Schützen gibt es eine Plakette in Gewehrform. Ich komme verspätet auf das Achterdeck 8, die Ballerei hat schon begonnen. Ein Nadirit schießt gerade, die anderen warten in der Schlange, bis sie dran sind. Unten zieht die *Nadir* eine riesige V-förmige Schaumschleppe hinter sich her. Zwei muffige griechische Unteroffiziere leiten die Show, und trotz Ohrschutz, Flintenlärm und ihrer mangelhaften Englischkenntnisse löst meine Verspätung und die Bitte, die Rechnung an *Harper's* zu schicken, eine längere Diskussion aus. Sie ahnen nicht, dass ich noch nie ein Schießgewehr in der Hand gehabt habe, ja, dass ich kaum weiß, wo die Kugel herauskommt.

Ich bin als Siebter und Letzter an der Reihe. Die anderen Teilnehmer sprechen von «Traps» oder «Tauben», tatsächlich aber gleicht die Wurfscheibe einem kleinen, leuchtend orange angemalten Diskus – dieselbe Farbe wie die von Signalstreifen auf Jagdkleidung. Das Orange, nehme ich an, dient der besseren Sichtbarkeit, und daran muss etwas sein, denn ein Typ mit Pilotenbrille und kurz geschorenem Vollbart holt tatsächliche eine Scheibe nach der anderen vom Himmel.

Ich gehe davon aus, dass das Skeet-Ritual aus Film, Funk und Fernsehen im Wesentlichen bekannt ist: der Helfer an dieser kleinen katapultartigen Maschine, die Vorhaltestellung des Schützen, das Abrufen der Scheibe mit dem Kommando *Pull!*», dann das dumpfe Geräusch des Katapults, gefolgt von einem *Katännnngg*, der spröde Knall der Waffe und schließlich das Zerbersten der glücklosen Scheibe mitten in der Luft. In der Schlange warten ausschließlich Männer, obwohl auch einige Frauen da sind. Sie stehen hinter uns oder auf der Nock von Deck 9 und gucken zu.

Und während ich warte, bis ich an der Reihe bin, fallen mir drei Dinge auf: (a) das, was sich in Filmen wie ein trockener Knall anhört, wird hier zum Donner, aber ich schätze mal, so klingt eben eine echte Flinte; (b) Skeetschießen sieht vergleichsweise einfach aus – wenn sogar der dickliche ältere Typ, der an die Stelle des geschorenen Vollbarts getreten ist, die Scheiben reihenweise zerfetzt, sodass die orangefarbenen Trümmer in einem fort ins Kielwasser der *Nadir* regnen; (c) die Peripetie der getroffenen Scheibe[128]: die unterbrochene Flugbahn, das eruptierende Material, die niedertrudelnden Einzelteile, deren Anblick an die *Challenger*-Katastrophe von 1986 erinnert.

Auffälligkeit (b) erweist sich als Illusion, in etwa vergleichbar mit der Annahme, Golf sei ein leichtes Spiel, wenn man es nur aus dem Fernsehen kennt und noch nie einen Schläger in der Hand gehabt hat. Die Schützen, die vor mir dran sind, tun nachlässig, fast verächtlich und treffen trotzdem mindestens acht von zehn Scheiben. Aber das ist kein Wunder, denn bei dreien der sechs Teilnehmer stellt sich heraus, dass sie über eine militärische Kampfausbildung verfügen. Die beiden Yuppies sind Brüder, gehören zum Ostküsten-Adel und können dank ihres Herrn «Pa*pa*» (Betonung auf der zweiten Silbe) alljährlich im südlichen Kanada mehrere Wochen lang Erfahrungen in der anspruchsvollen Vogeljagd sammeln. Der Letzte kommt aus North Carolina und bringt sogar seinen eigenen Ohrschutz mit und, in einem samtgepolstertem Kasten, seine persönliche Flinte. Er besitzt nebenbei auch einen privaten Schießplatz hinterm Haus.[129] Als ich an der Reihe bin, gibt man mir einen Ohrschutz, der nicht passt und an dem noch das Fett anderer Leute klebt. Die Flinte selbst ist

128 (die Tauben sind offenbar aus einem extraspröden Ton hergestellt, damit sie in möglichst viele Teile zerspringen)

129 !

erschreckend schwer, und was so stinkt, sagt man mir, sei Kordit, spiralig qualmt es noch immer aus der Mündung. Mein Vorgänger, Korea-Veteran, hat als Erster volle zehn von zehn Tauben erlegt. Die beiden Yuppie-Brüder, die Einzigen aus meiner Altersgruppe, kommen beide immerhin auf neun und mustern mich cool von der Steuerbordreling aus. Die lässig Art, mit der sie dort lehnen, lernt man nur auf teuren Privatcolleges. Die griechischen Unteroffiziere ödet alles nur unheimlich an. Man gibt mir die Waffe und den guten Rat, mich «mit der Hüfte an der Heckreling» abzustützen, dann soll ich den Schaft der Flinte fest gegen ... nein, nicht die Schulter, wo der Arm den Lauf mithält, sondern die andere, wo den Abzug zieht, klar? Durch dieses Missverständnis verziehe ich die Waffe derart, dass sich der Grieche am Katapult schleunigst zu Boden wirft und rollend Deckung sucht.

Okay, ich will die Geschichte jetzt nicht zu sehr auswalzen. Ich will nur sagen, dass meine Trefferquote deutlich unter derjenigen aller anderen Teilnehmer lag. Und für alle Neulinge, die ebenfalls daran denken, vom rollenden Achterdeck eines 7NC-Megaschiffs aus nach Tontauben zu ballern, nur so viel: (1) Ein gewisses Maß an Unfähigkeit im Umgang mit einer Feuerwaffe ruft automatisch lauter wohlmeinende Leute auf den Plan, die einem allerlei Tipps und Tricks sowie goldene Worte von Papa mitgeben wollen. (2) Viele dieser Ratschläge lassen sich, bezogen auf die fliegende Scheibe, mit dem Wort «mitschwingen» oder «nachführen» zusammenfassen, aber keiner erklärt ei-

nem, ob das nun heißt, dass man mit dem Lauf der Flugbahn der Scheibe folgt oder ob man sie irgendwo abpasst
und dann schießt. (3) Skeetschießen im Fernsehen ist insofern realistisch, als man wirklich «*Pull!*» ruft und das
Wurf-Ding tatsächlich *Katännnngg* macht. (4) Was immer
ein «empfindlicher Abzug» ist, eine Skeet-Flinte besitzt jedenfalls keinen. (5) Wenn man noch nie ein Gewehr abge-
feuert hat, wird – aus einsichtigen Gründen – der Drang
übermächtig, im Moment des Knalls die Augen zu schließen. (6) Der bekannte «Rückschlag» einer Waffe ist übrigens wörtlich zu verstehen: Der Schlag ist schmerzhaft und
wirft einen mehrere Schritt nach hinten. Und wenn man
dann mit rudernden Armen das Gleichgewicht wiederzu-
gewinnen sucht, erlebt man im näheren Umkreis Szenen
einer Massenpanik. Alles schreit und geht in Deckung,
und bei meinem folgenden Schuss haben sich die Reihen
der Zuschauer auf Deck 9 verdächtig gelichtet.

Und noch etwas (7): Der Bahn einer nicht getroffenen
Scheibe vor der kolossalen Lapislazuli-Kuppel des Himmels gleicht derjenigen der Sonne – eine orangefarbene Pa-
rabel von rechts nach links. Und wenn die Scheibe schließlich im Meer versinkt, dann mit der Kante zuerst, ohne
Wellenschlag, tieftraurig.

16:00–17:00 Uhr: Lacuna.

17:00–18:00 Uhr: Duschen, Körperpflege und zum dritten
Mal den herzzerreißenden Schluss von *Andre* angeschaut.

Anschließend versucht, mit Dusch-Dampf meine gute Hose und mein leichenkärrnerschwarzes Sakko zu entknittern, denn für das Abendessen hat der *Nadir Daily* um «formelle Kleidung» gebeten.[130]

130 Ich will hier niemandem auf den Wecker gehen oder der Sache länger als nötig nachweinen, aber wenn Sie sich als Mann auf eine 7NC-Luxus-Kreuzfahrt begeben, seien Sie schlauer als ich, folgen Sie der Empfehlung und packen Sie um Gottes willen einen Smoking ein. Ein einfacher dunkler Anzug reicht übrigens nicht, ein dunkler Anzug genügt gerade einmal für die beiden «informellen» Dinner. (Somit bezeichnet «informell» etwa einen fegefeuerartigen Anforderungsbereich zwischen «leger» und «formell».) Für ein formelles Dinner gibt es nichts anderes als Smoking oder Dinner-Jacket, was mehr oder weniger dasselbe ist. Ich Döspaddel war allerdings der Meinung, formelle Kleidung bei tropischen Temperaturen sei völlig absurd, und wollte mir daher weder einen Smoking kaufen noch leihen noch wollte ich mir Gedanken darüber machen, wie man so ein Teil kunstgerecht in einer Reisetasche verstaut. Mit dieser Einstellung lag ich zugleich richtig und falsch. Klar, formelle Kleidung bei dieser Hitze *ist* absurd. Aber da an den formellen Abenden alle anderen sehr wohl formelle Kleidung trugen, war ich derjenige, der absurd aussah – und ausgerechnet *weil* ich durch meine Smoking-Verweigerung der Absurdität entgehen wollte. Wirklich, es war eine Qual, an jenem ersten formellen Abend in einem T-Shirt mit Smoking-Aufdruck unter lauter festlich angezogenen Leuten zu sitzen. Und der Donnerstag, an dem ich notgedrungen meine verschwitzten, zerknitterten Sachen vom Flug und von Pier 21 wiederbelebt hatte (eben die besagte gute Hose und das Leichenkärrner-Sakko), war sogar noch peinlicher. Niemand an Tisch 64 verlor übrigens ein

18:15 Uhr: Besetzung und Atmosphäre an T64 des 5*C.R. wurden ja bereits erörtert. Der heutige Abend stellt jedoch eine Ausnahme dar, denn die Stimmung ist mies. Man erinnere sich: Die grässliche Mona hat Tibor und dem Maître d' gegenüber den Donnerstag als ihren Geburtstag geltend gemacht, und jetzt ist geschmückt, über dem Stuhl schwebt ein Luftballon, eine Torte wird aufgefahren, und Wojtek und Kollegen versammeln sich zur Geburtstags-Mazurka um Tisch 64. Und Mona strahlt übers ganze Gesicht, schlägt sogar, als der Tibster vor ihr die Torte absetzt, vor Freude die Hände vors Gesicht wie ein kleines, halb verhungertes Mädchen. Und Monas Großeltern schweigen in gedankenleerer Nachsicht. Soweit ich sehen kann, fällt ihnen zu dieser Farce einfach nichts mehr ein.

Geschwiegen hat auch Alice, deren Geburtstag – man erinnere sich – tatsächlich an diesem Donnerstag ist. Aber aus stillem Protest hat sie Tibor diesen Sachverhalt unterschlagen – und ist jetzt beleidigt wie ein verwöhntes Kind, das einem anderen verwöhnten Kind den Vorrang lassen muss, obwohl er dem anderen nicht gebührt.

Wort über meine unzulängliche Garderobe, aber das bedeutete wohl nur: Dieser Bruch der Konvention war so ungeheuerlich, dass man ihn nur noch mit eisigem Schweigen quittierte. Schon nach dem Debakel bei der Elegant Tea Time wäre ich am liebsten über Bord gesprungen.

Also lassen Sie sich meine Schmach eine Lehre sein und nehmen Sie festliche Kleidung mit, egal, wie widersinnig es Ihnen vorkommt.

Ergebnis: Die verbitterte Alice und ich verbünden uns in unserer abgrundtiefen Ablehnung gegenüber Mona. Unsere heimlichen Gesten des Erstechens, Erwürgens und Ohrfeigens – gemeint ist Mona – fliegen nur so hin und her und sind, wie ich zugeben muss, auch für mich ein wichtiger emotionaler Ausgleich nach den Kümmernissen eines langen Tages.[131]

Doch der eigentliche Konflikt an diesem Abend entsteht durch Alices Mutter und meine neue Freundin Trudy. Zwar ist Trudys Portulak-Endivien-Salat mit Pilau und zarten Kalbsmedaillons einfach zu göttlich für kritische Kommentare, doch macht sie die ganze Woche lang keinen Hehl aus ihrer Ansicht, dass man dieses eben von Alices festem Freund Patrick und Alices fester Beziehung mit selbigem[132] nicht behaupten könne. Hinzu kommt, dass Trudy die Gesten und das halblaute Gekicher zwischen Alice und mir als Romanze missversteht und deshalb einmal mehr die 10×15-Fotos von Alice aus der Hand-

---

131 (Man bedenke, was ich bis dahin schon einstecken musste. Erst die Demütigung beim Skeetschießen, dann das Elegant-Tea-Fiasko, und hier im 5*C.R. bin ich weit und breit der Einzige, der keinen edlen Smoking trägt, sondern ein schweißverkrustetes Sakko. Allein um den hartnäckigen Nachgeschmack von Beluga-Kaviar loszuwerden, musste ich drei Dr. Peppers wegtrinken.)

132 (eine Beziehung, die offenbar zu keinem geringen Teil auf Alices Geld und dem «gemeinsam genutzten» Saab gegründet ist, der eigentlich Alice gehört)

tasche kramt, um in Wort und Bild und reizenden kleinen Kindheitsanekdoten Alice ins rechte Licht zu rücken, die wie gesagt viel zu gut sei für diesen Patrick. Dass Trudy sich hier wie eine Kupplerin aufführt, wäre schon schlimm genug für die Stimmung am Tisch (vor allem im Zusammenspiel mit Esther), doch trotz des gestohlenen Geburtstags, trotz dieser verhassten Mona, bemerkt Alice relativ schnell, was gespielt wird und hält voll dagegen. Aus Angst, ich könnte unsere Anti-Mona-Allianz auf ähnliche Weise missdeuten wie ihre Mutter beginnt sie vor mir mit einem Ophelia-Monolog voller zusammenhangloser Hymnen auf ihren Patrick. Daraufhin schiefmäulige Grimassen seitens Trudy, während ihr Messer zugleich mit solcher Brutalität durch das zarte Kalbsmedaillon metzelt, dass das 5*C.R.-Porzellan aufkreischt und allen am Tisch einen Schauer über den Rücken jagt. Die wachsende Spannung treibt mir frischen Achselschweiß aus den Poren, der nach kurzer Zeit sogar an die Ausdehnung der eingetrockneten Originalflecken von Pier 21 heranreicht. Und als Tibor nach dem Hauptgang seine übliche Runde macht und fragt, «wie war», antworte ich zum ersten Mal seit Einführung der neuen Ehrlichkeit lediglich mit «gut, wirklich gut».

20:45 Uhr.

CELEBRITY SHOWTIME
Celebrity Cruises präsentiert

HYPNOTISEUR
NIGEL ELLERY

Moderation: **Cruise-Director Scott Peterson**

Bitte beachten Sie, dass die Anfertigung von Bild- und Tonauf-
zeichnungen in allen Veranstaltungen streng verboten ist.
Kinder werden gebeten, sich während der gesamten Dauer der
Vorstellung bei ihren Eltern aufzuhalten.
Die erste Sitzreihe ist für Kinder ganz gesperrt.

CELEBRITY SHOW LOUNGE

In weiteren Celebrity-Showtime-Veranstaltungen dieser
Woche traten auf: ein vietnamesischer Komiker, der mit
Kettensägen jonglierte; ein Gesangsduo (Ehepaar), das
sich auf beliebte Broadway-Melodien spezialisiert hatte
(Liebeslieder); ein Imitator namens Paul Tanner, der mit
Nummern von Engelbert Humperdinck, Tom Jones und
besonders Perry Como bei Trudy und Esther von Tisch 64
schwer Eindruck gemacht hat. Aber nicht nur dort. Auf
vielfachen Wunsch, wie es hieß, wurde im Anschluss an
die morgige Talentshow kurzfristig eine Zugabe von Paul
Tanner ins Programm genommen.[133]

---

133 Sodass dem Alleinunterhalter mit der Krücke wohl ein leeres
Haus erspart bleibt.

Der Hypnotiseur Nigel Ellery ist Engländer[134] und ähnelt verdächtig dem Fünfziger-Jahre-B-Movie-Schurken Kevin McCarthy. Cruise-Director Scott Peterson informiert uns in seiner Einleitung, dass Nigel Ellery in seiner Karriere «bereits die Ehre hatte, sowohl die Queen als auch den Dalai Lama in Hypnose zu versetzen».[135] Nigel Ellerys Vorstellung kombiniert hypnotischen Hokuspokus mit gängiger Comedy-Masche und Publikumsverarsche. Doch auf mich wirkte sie am Ende wie ein Gleichnis auf die gesamte 7NC-Erlebniswelt, ein symbolisches Fazit so treffend, dass ich einen Moment lang dachte, es handle sich um ein Verwöhnprogramm nur für Journalisten: die Story, für die man «rein gar nichts» tun muss.

Zunächst aber erfahren wir, dass nicht jeder für Hypnose empfänglich ist. Nigel Ellery veranstaltet daher mit den über 300 Leuten im Saal einen Test,[136] um festzustel-

134 Dem Akzent nach stammt er aus Londons heruntergekommenem East End.

135 (Aber wohl kaum gleichzeitig, oder?)

136 Einer geht so: Falten Sie die Hände locker vor dem Gesicht. Richten Sie die beiden Zeigefinger so auf, dass sie sich direkt gegenüberstehen. Stellen Sie sich daraufhin eine unwiderstehliche magnetische Kraft vor, von der Ihre Zeigefinger zusammengezogen werden, und überprüfen Sie, was passiert. Bewegen sich Ihre Finger tatsächlich unaufhaltsam aufeinander zu, bis sich Fingerkuppe gegen Fingerkuppe presst? Allerdings weiß ich bereits aus

len, wer für den Spaß, der da kommen soll, ausreichend «suggestibel» ist.

Als Nächstes werden die sechs bestgeeigneten Kandidaten, meistenteils noch in hypnotischer Verrenkung von dem Vorabtest, auf die Bühne gelotst, wo Nigel Ellery ihnen lang und breit versichert, dass nichts von dem, was mit ihnen geschieht, gegen ihren Willen geschieht – also alles ganz harmlos und freiwillig. Worauf er gleich einmal eine junge Frau aus Akron davon überzeugt, eine spanische Männerstimme zu hören, die direkt aus dem linken Körbchen ihres BH kommt. Eine zweite Frau bringt er dazu, einen entsetzlichen Gestank wahrzunehmen. Dieser steigt angeblich von ihrem Sitznachbarn auf, einem Herrn, der

einem beängstigenden Erlebnis in der siebten Klasse,[136a] dass ich extrem suggestibel bin, und spare mir die kleinen Tests, denn keine Macht der Welt kriegt mich jemals auf die Bühne eines Show-Hypnotiseurs, und schon gar nicht vor 300 sensationsgierigen Leuten.

136 a (nämlich als uns ein Psychologe in der Aula alle in einen angeblich leichten Trancezustand versetzte, um mit uns «Kreatives Visualisieren» zu üben. Zehn Minuten später kam auch jeder wohlbehalten aus der Hypnose heraus, nur ich nicht, weswegen ich, vollkommen weggetreten und mit geweiteten Pupillen, vier weitere Stunden bei der Schulkrankenschwester zubringen musste, wo ein erschrockener Seelenklempner zu immer drastischeren Weckmethoden griff, um mich ins vollbewusste Sein zurückzuholen. Meine Eltern hätten den Mann am liebsten verklagt. Ich aber nahm mir lediglich vor, um Hypnosen jedweder Art von nun an einen großen Bogen zu machen)

plötzlich der Meinung ist, sein Stuhl erhitze sich in regelmäßigen Abständen auf 100 °C. Die anderen drei Subjekte tanzen entweder Flamenco oder wähnen sich nicht nur nackt, sondern auch so erbärmlich klein ausgestattet, dass sie auf ein bestimmtes Wort von Nigel Ellery rufen: «Mami, Mami, ich will auch so ein Zipfelchen!» Das Publikum lacht stets pünktlich an der richtigen Stelle. Und abgesehen von der Symbolkraft der Szene ist es sicher auch komisch, wenn sich fein gemachte, erwachsene Passagiere auf eine Art verhalten, die sie selbst nicht begreifen. Es ist, als ermöglichte ihnen die Hypnose, derart effektive Phantasiegebilde zu konstruieren, dass sie als Phantasien nicht mehr durchschaubar sind. Als gehörte ihnen der eigene Kopf nicht mehr. Was natürlich komisch ist.

Das universale 7NC-Symbol ist vielleicht jedoch Nigel Ellery selbst. Die unverhohlene Langeweile und Feindseligkeit, mit der er seinem Publikum begegnet, ist auf vertrackte Weise integraler Bestandteil der Show. Seine offen zur Schau gestellte Unlust verleiht ihm dieselbe Autorität, die uns auch bei Polizisten und Ärzten Vertrauen einflößt. Seine Feindseligkeit funktioniert nach demselben Prinzip wie bei Don Rickles in Las Vegas: Die meisten Lacher kriegt, wer am gemeinsten zu den Leuten ist. Und die von Nigel Ellery verkörperte Bühnenfigur ist der Fiesling par excellence. Abfällig imitiert er den amerikanischen Akzent der Passagiere und zieht die Fragen sowohl der Kandidaten als auch des Publikums ins Lächerliche. Mit seinem Rasputin-Blick fixiert er einzelne Zuschauer und prophezeit ihnen, sie würden um exakt 3:00 Uhr in der Frühe ins Bett machen oder in genau zwei Wochen an ihrem Arbeitsplatz die Hosen herunterlassen. Die Zuschauer, in der Mehrzahl um die fünfzig, schmeißen sich weg vor Lachen, schlagen sich auf die Schenkel und müssen sich mit dem Taschentuch die Tränen aus den Augen wischen. Nach jeder neuen Bosheit von Ellery folgt dieser maskenhafte Krampf der Gesichtsmuskulatur, dieses aufgeregte Wedeln mit der Hand, das sagen will: Alles nur ein Witz, in Wirklichkeit ist er nicht so, in Wirklichkeit mag er uns. Und wir sind ja auch so was von ein tolles Publikum, wir verstehen nämlich Spaß. Wir verstehen Spaß und wir wollen Spaß, das ist alles.

Ich hingegen finde die Vorstellung von Nigel Ellery nach einem vollen Tag des Organisierten Vergnügens weder sonderlich aufregend noch unterhaltsam, allerdings habe ich hier an Bord auch schon deprimierendere Sachen erlebt. Aber das Ganze berührt mich so seltsam, als sei hier in dieser bizarren Darbietung die Zauberformel, der Schlüssel für das Mysterium Luxus-Kreuzfahrt zu finden. Denn da sind Leute, die sich von jemandem unterhalten lassen, der sie allem Anschein nach verachtet – was sie einerseits nicht schön finden, andererseits aber auch verstehen können. Alle sechs Kandidaten stehen jetzt nebeneinander an der Rampe und tanzen eine Art Cancan. Die Show strebt ihrem Höhepunkt entgegen, als Nigel Ellery ans Mikro tritt und uns einstimmt auf das Gefühl des Hypnotischen Fliegens, wozu er heftiges Armeflattern empfiehlt. Ich aber lasse mich darauf nicht ein, im Gegenteil, auf meinem bequemen marineblauen Sitz entferne ich mich innerlich immer weiter in die Kreative Visualisierung eines langen, langen Frank-Conroy-Kamerarzooms, durch den allmählich alles kleiner wird, der Hypnotiseur, die Kandidaten auf der Bühne, die Leute im Saal, die Celebrity Show Lounge und das Deck, schließlich das ganze Schiff, ich sehe es mit den Augen eines, der schon nicht mehr an Bord ist, sehe die *Nadir* bei Nacht, sehe sie jetzt, wie sie mit 21,4 Knoten nach Norden dampft, sehe den Mond, der vom kräftigen, warmen Westwind durch Wolkenschleier gezogen wird, höre gedämpftes Lachen und Musik, höre das Stampfen der Papas und das Zischen des zurückbleibenden Schraubenwassers, sehe vom nächtlichen Meer aus die Lichterreihen der *Nadir*, ein Schiff von engelhaftem Weiß, von innen festlich, königlich, palastartig beleuchtet ... ja, wirklich: Jeder armen Seele, die jetzt in einer kleinen Jolle auf dem nachtschwarzen Ozean triebe, käme sie vor wie ein schwimmender Palast, erst recht dem Schiffbrüchigen, der nicht einmal eine Jolle hätte, sondern über Bord gegangen wäre und nur noch versuchte, sich über Wasser zu halten, weitab von jedem Land. Diese Kreative Visualisierung, Nigel Ellerys wahres und unbeabsichtigtes Geschenk an mich, ließ mich auch am folgenden Tag nicht los, weswegen ich die Zeit ausschließlich in der Kabine zubrachte, umgeben von Obstresten und abgegessenen Cabin-Service-Tabletts, und meistens aus dem fleckenlosen Fenster schaute. Ich hatte noch immer diesen leicht glasigen Blick, fühlte mich aber sonst ganz wohl, froh, auf der *Nadir* zu sein, und froh, sie bald verlassen zu können, froh vor allem, das Verwöhnprogramm überlebt zu haben. Kurz gesagt, ich blieb einfach im Bett. Und auch wenn ich durch meinen Trancezustand die große Talent-show und das Farewell Midnight Buffet am letzten Abend verpasste sowie am Samstagmorgen das Anlegemanö-ver und das Abschiedsfoto mit Kapitän G. Panagiotakis, mein Wiedereintritt in das normale, selbstverantwortliche Landrattenleben ging weit unproblematischer vonstatten, als ich nach einer Woche reinen Nichtstuns befürchtet hatte.

David Foster Wallace
Kleines Mädchen
mit komischen Haaren

Storys
Gebunden
Aus dem Amerikanischen von Marcus Ingendaay

David Foster Wallace ist eine der auffälligsten Stimmen der jungen amerikanischen Literatur. Die Vielseitigkeit seiner Themen, sein Hang zum Grotesken, sein kreativer Umgang mit Sprache und seine scharfe Beobachtungsgabe machen das Buch zu einer aufregenden Lektüre. Das unglaubliche Sprachtalent des Autors, seine tollkühnen Metaphern, sein Spaß beim Verballhornen und beim Schaffen neuer Bilder zeigt sich in allen Stories, ist geschickt abgestimmt auf die jeweiligen Figuren – säbelbeinige, hartgesottene Oklahoma-Boys, einen Yuppi-Anwalt, der sich mit Punks umgibt, oder den ehemaligen Präsidenten Johnson und seine Gattin Lady Bird, die aus der Sicht eines schwulen Mitarbeiters dargestellt werden.

»David Foster Wallace ist eine 3-stufige Rakete in die Zukunft. Er ist einer der wenigen Schriftsteller, der die Grenzen der zeitgenössischen Literatur erweitern kann.«
Don DeLillo

David Foster Wallace
Kurze Interviews mit fiesen Männern

Storys
Gebunden
Aus dem Amerikanischen von Marcus Ingendaay,
Clara Drechsler, Christa Schuenke und Bernhard
Robben

»Geniale Geschichten? David Foster Wallace!« *Die Welt*

Nach dem Erzählungsband »Kleines Mädchen mit komischen Haaren«, der mit großer Begeisterung von der Presse und Leserschaft aufgenommen wurde, folgt hier die jüngste Veröffentlichung des gefeierten amerikanischen Autors.

Die Storys beschreiben Landschaften und Geisteszustände, die einem bekannt und zugleich gänzlich fremd vorkommen: Ob einem Jungen auf dem Sprungbrett lähmende Angst überfällt oder eine unter Depressionen leidende Frau auf Anraten ihrer Therapeutin alte Freunde lediglich als Bezugssystem sehen soll – fast fröhlich stehen die Figuren am Abgrund und erkennen nicht, was sie treibt.

www.kiwi-koeln.de